तनाव छोड़ो ज़िंदगी संवारो

(Live a stress free life)

सुभाष लखोटिया

डायमंड बुक्स
www.diamondbook.in

प्रकाशक : डायमंड पॉकेट बुक्स (प्रा.) लि.
X-30 ओखला इंडस्ट्रियल एरिया, फेस -II
नई दिल्ली- 110020
फोन : 011-40712200
ई-मेल : wecare@diamondbooks.in
वेबसाइ : www.diamondbooks.in
संस्करण : 2025

Tanav Chhodo Zindagi Sanwaro
By : ***Subhash Lakhotia***

लेखक परिचय

आर. एन. लखोटिया एंड एसोसिएट्स के डायरेक्टर हैं सुभाष लखोटिया। टैक्स प्लानिंग, टैक्स डॉक्यूमेंटेशन और इनवेस्टमेंट प्लानिंग जैसे विषयों पर बेहतरीन सलाह देने के लिए मशहूर सुभाष लखोटिया 5 साल से इनकम टैक्स के गुरु हैं। 'लखोटिया कॉलेज ऑफ टैक्सेशन एण्ड मैनेजमेंट' के डायरेक्टर लखोटिया कई दैनिक राष्ट्रीय समाचार पत्रों में अपने कॉलम की मदद से लोगों को सलाह देते हैं। अपने प्रसिद्ध कोर्स 'जीरो टू हीरो इन इनकम टैक्स' के द्वारा वह लोगों को टैक्सेशन और प्लानिंग की सलाह देने के साथ-साथ सेमिनार और लेक्चर मीटिंग द्वारा भी लोगों को लाभ पहुँचाते हैं।

वर्ष 2014 में उन्हें अन्तर्राष्ट्रीय लायंस क्लब द्वारा विश्व का सर्वोच्च सम्मान '**अम्बेसडर ऑफ गुडविल अवार्ड**' से सम्मानित किया गया। उल्लेखनीय है कि उनके द्वारा प्रस्तुत 'टैक्स गुरु' साप्ताहिक कार्यक्रम 'सीएनबीसी आवाज' टीवी चैनल पर गत् 10 वर्षों से प्रसारित हो रहा है। हाल ही में इसके 500 एपिसोड पूरे हुए। वर्तमान समय में यह कार्यक्रम विश्व के सर्वाधिक लोकप्रिय कार्यक्रमों में सर्वश्रेष्ठ स्थान रखता है।

श्री लखोटिया ने इसी वर्ष से 'सुभाष लखोटिया श्रवण कुमार पुरस्कार' की स्थापना की है, जिसके तहत प्रतिवर्ष सेवा कार्य में समर्पित एक व्यक्ति अथवा संस्था को सम्मानित किया जाएगा। इसके विजेता को एक लाख रुपये की राशि पुरस्कार स्वरूप प्रदान की जाएगी।

भूमिका

ज़िंदगी के सफर में तनाव होना हर आदमी की जीवन शैली का ही एक हिस्सा है। चाहे वह व्यापारी हो, नौकरी पेशा हो, अवकाशप्राप्त व्यक्ति हो, महिला अथवा विद्यार्थी, सभी के जीवन में तनाव आता-जाता रहता है। परन्तु कई व्यक्ति ऐसे हैं, जो तनाव की स्थिति में आने के बाद उससे बाहर निकल ही नहीं पाते और अवसाद का शिकार होकर अपने जीवन का आनंद खो बैठते हैं। साथ ही अपनी सेहत भी खराब कर लेते हैं।

इस पुस्तक में सरल एवं उपयोगी तरीके से तनाव के बारे में पाठकों को बताने की कोशिश की गई है, जिससे वे अपने तनाव को कम करने में सक्षम हो सकें। हम चाहते हैं कि लोग तनावरहित रहें। तनाव कई प्रकार से होता है, हो सकता है कि दूसरे व्यक्तियों की वजह से हमें तनाव हो और यह तनाव हमारे व्यापार या व्यवसाय को प्रभावित करे। तनाव हमारे और आपके घरेलू संबंधों की वजह से भी हो सकता है। साथ ही कई बार ईर्ष्या, जलन आदि की वृत्ति होने की वजह से भी व्यक्ति तनावग्रस्त हो सकता है। जब कभी भी आपको तनाव हो तो अकेले में बैठकर स्वयं आत्म-निरीक्षण करें कि आखिर आपको तनाव क्यों हो रहा है? फिर उस समस्या के समाधान के विभिन्न विकल्पों के बारे में सोचें और उन पर विचार करें। अगर आप ऐसी सोच बनाते हैं तो तनाव आपके पास नहीं मंडराएगा।

अपने व्यक्तिगत अनुभव के आधार पर आपको बताना चाहूँगा कि आप भी वास्तविक रूप से दैनिक दिनचर्या अपनाते हुए तनावरहित रह सकते हैं। तनावरहित रहने के अनेक व्यावहारिक नुस्खे इस पुस्तक में वर्णित हैं।

मुझे प्रसन्नता होगी कि अगर पाठक इस पुस्तक में वर्णित कुछ बातों का लाभ लेकर अपने तनाव को कम करने में सक्षम होंगे।

अगर हमारी सलाह से आपका तनाव कम होता है, तो इस तरह के व्यावहारिक पहलुओं पर कुछ और पुस्तकें लिखने की मुझको प्रेरणा मिलेगी। आप अपने जीवन में इस पुस्तक को पढ़ने के बाद कोई बदलाव पाते हैं या तनाव रोकने की कोई और बात, जो पुस्तक में वर्णित नहीं है, उस पर चर्चा करना चाहते हैं तो कृपया मुझे पत्र अवश्य लिखें।

मैं अपनी पत्नी श्रीमती सुशीला लखोटिया के प्रति आभार प्रकट करना चाहूँगा कि उन्होंने पुस्तक को सजाने-संवारने में अहम् भूमिका निभाई और इस पुस्तक को लिखने के दौरान उसने मुझपर किसी तरह का तनाव नहीं आने दिया। अगर ऐसा होता तो यह पुस्तक आप तक कैसे पहुँचती।

तनावरहित रहने की सबसे बड़ी प्रेरक ज़िंदगी जो मैंने देखी है, वह है मेरे पिताजी श्री रामनिवास लखोटिया जी की, आज वे 82 वर्ष के हो गए हैं और तनाव नाम की चीज़ को जानते ही नहीं। हम और आप छोटी-मोटी बातों पर तनावग्रस्त हो जाते हैं और बाद में पछताते हैं, परन्तु मेरे पिताजी इस उम्र में भी हर हाल में हर वक्त प्रसन्नचित्त रहते हैं। जी हाँ, वे वास्तविक रूप में हर पल तनाव से कोसों दूर रहते हैं।

मैं डायमंड बुक्स के प्रकाशक नरेन्द्र कुमार वर्मा जी का भी आभारी हूँ कि जिन्होंने समय-समय पर मुझे यह प्रेरणा दी कि मैं इस विषय पर किताब लिखता रहूँ।

–सुभाष लखोटिया

एस-228, ग्रेटर कैलाश भाग-2,
नई दिल्ली-110048
मोबाइल: 9810001665
ई-मेल : lakhotia49@gmail.com

अनुक्रमाणिका

तनाव न अभी, न कभी

तनाव से तो हर इंसान बचना चाहता है, परन्तु आज की आपाधापी भरी व्यस्त ज़िंदगी में इसका शिकार बन ही जाता है। जिन व्यक्तियों को तनाव होता है, उनमें से ज्यादातर तो मानेंगे भी नहीं कि उन्हें तनाव है, पर वास्तविकता यही है ज़िंदगी की, कि अगर आपको तनाव है तो आपकी जीवन-शैली में उसकी काफ़ी अहम भूमिका होगी।

प्रत्येक व्यक्ति को अवश्य सोचना चाहिए कि प्रभु के आशीर्वाद से बड़ी मुश्किल से ये मानव जीवन मिला है, तो इस मानव जीवन में क्यों न हम हंसी-खुशी से अपना जीवनयापन करें और रोजमर्रा की छोटी-मोटी परेशानियों की वजह से तनाव को हावी न होने दें। तनाव एक ऐसा कारण है, जो एक नहीं कम-से-कम पचासों बीमारियों को आपके जीवन में फटाफट प्रस्तुत कर सकता है। अन्तर्राष्ट्रीय संस्था 'इन्टरनेशनल हेल्थ सोसाइटी' ने 1988 में यह घोषणा की थी कि तनाव की वजह से उत्पन्न दर्द सबसे ज्यादा प्रचलित है पूरे विश्व में। अतः हमें समझना चाहिए कि अगर हम अपने तनाव पर नियंत्रण कर लें और सोच लें केवल एक ही बात कि 'तनाव न अभी न कभी' तथा इस मानव जीवन का आनंद लेते जाएं तनाव को भगाकर तो निश्चित रूप से हम और आप एक अच्छी ज़िन्दगी बिता पाएंगे।

तनाव आखिर होता क्यों है, तनाव से क्या छुटकारा पाया जा सकता है, तनाव क्यों ज़रूरी है हमारे जीवन में, क्या बिना तनाव हम नहीं रह सकते? एक नहीं इस प्रकार के ढेरों प्रश्न आपके मन-मस्तिष्क में आएंगे, जब भी आप तनाव के बारे में सोचेंगे। सबसे पहले तो यह प्रतिज्ञा कर लीजिए कि तनाव होता है, होता रहे लोगों को, मुझे तो आज से तनाव होगा ही नहीं, क्योंकि मैं तनाव को ग्रहण करने वाला नहीं हूँ। यह

है आपकी पहली सोच। अगर पहली सोच सच्ची लगन से आपने पूरी कर ली तो एक पृष्ठ के ऊपर लिख लें कि 'मेरा तनाव आज से छूमन्तर, ना होगा आज से मुझे कभी तनाव।' यही चिन्तन रोज सवेरे उठते हुए करें। जब पाँच-दस मिनट की प्रार्थना भी दिन भर में आप करते हैं, तो उसमें एक पंक्ति ज़रूर प्रभु से प्रार्थना करें कि प्रभु! तू मेरे तनाव को दूर भगा दे, नहीं चाहिए मुझे तनाव। तनाव जिस किसी भी कारण से प्राप्त हो रहा हो, वह ज़रूरी नहीं है; ज़रूरी यह सोचना है कि हम अपनी दैनिक शैली इस प्रकार की बना लें कि हमारे ऊपर तनाव का असर ही नहीं हो पर यह मुमकिन है क्या? एकाएक तो मुमकिन नहीं है। ज़िंदगी में पारिवारिक, व्यापारिक, व्यावसायिक, सामाजिक, ढेर सारे इतने काम-काज हैं कि कहीं-न-कहीं बिना हमारी गलती के ही तनाव उत्पन्न हो सकता है। अन्य लोगों के चाल चलन की वजह से भी तनाव मुमकिन है। पर आपको तो सिर्फ एक ही बात सोचनी है कि मैं तनाव नहीं करूँगा। कोई भी हालत में मैं तनाव को हावी नहीं होने दूँगा। केवल इतना-सा अगर आप सोच लें तो निश्चित मान लीजिए कि तनाव आपके जीवन से भाग जाएगा।

आज मानसिक तनाव की वजह से सिर दर्द, माइग्रेन, हाई ब्लडप्रेशर एवं अन्य ढेर सारी बीमारियों से ग्रस्त हैं करोड़ों लोग। परन्तु अगर हमने एक सोच भी अपना ली कि मुझे तो किसी भी हालत में तनाव को नज़दीक नहीं भटकने देना है तो निश्चित मान लीजिए कि आपके जीवन में नया उत्साह, आशा, नई उमंग, नई ऊर्जा बनेगी और आपको जीवन अति आनन्दमय लगेगा। अतः अगर आप चाहते हैं कि आपका जीवन आनन्दमय हो, ज़िंदगी का लुत्फ प्रति मिनट, प्रति क्षण उठाते रहें तो केवल एक काम करिए, तनाव के साथ अपना रिश्ता बिलकुल छोड़ दीजिए। करोड़ों लोग जो आज तनाव कर रहे हैं, आने वाले समय में इस पुस्तक को पढ़ने के पश्चात् निश्चित रूप से उनका तनाव छूमन्तर हो जाएगा। इसके लिए कठिन परिश्रम नहीं करना पड़ेगा, कोई दवाइयाँ नहीं लेनी पड़ेगी। केवल एक ही काम करना होगा और वह है सच्ची लगन के साथ प्रभु की आस्था का प्रसाद ग्रहण करते हुए यह सोचना कि परम आदरणीय प्रभु! आपने मुझे जीवन

दिया है तो जीवन ऐसा बनाऊँ कि मैं आनन्द सहित बिना तनाव के जीवन निर्वाह कर सकूँ। आधा काम आपकी इस सोच से ही हो जाएगा और बाकी आधे काम में आपको अपनी जीवन-शैली में हल्का-फुल्का परिवर्तन करना पड़ेगा, तो आप पाएंगे कि आपका तनाव हो गया छूमंतर।

कई बार तनाव का कारण हम स्वयं नहीं होते हैं, हम तनाव करना भी नहीं चाहते, दूसरे लोगों की वजह से हमें तनाव आ जाता है और तनाव से ग्रस्त हो जाते हैं। ऐसी अवस्था में सबसे पहले ये सोचें कि तनाव से मुझे ग्रस्त नहीं होना है, चाहे जो हो।

तनावग्रस्त व्यक्ति के चेहरे पर यदि आप नज़र डालेंगे तो आपको उस व्यक्ति से बात करने की भी इच्छा नहीं होगी। कल्पना कीजिए, इसी प्रकार अगर आप तनाव करते रहें तो आपके आस-पास जो आपकी मित्र मंडली है, व्यापार अथवा व्यवसाय से संबंधित व्यक्ति हैं, वे आपका चेहरा नहीं देखना चाहेंगे और उसी प्रकार मित्र कभी भी आपके नज़दीक आना नहीं चाहेंगे। इसलिए जरूरी है कि आप तनाव भगाने के लिए आज से ही चालू कर दें अपना एकगान प्लान और मेरी गारंटी है कि अगले दो हफ्ते के अन्दर-अन्दर निश्चित रूप से आपका तनाव एक पुरानी कहानी हो जाएगी, जिसकी स्मृति भी आपके मानस पटल पर नहीं रहेगी। ज़िंदगी में सकारात्मक रवैया अपनाने से तनाव को भगाने में मदद मिलती है। अतः हमेशा सकारात्मक व्यवहार अपनाएं तथा जो भी कार्य आप कर रहे हैं उस कार्य को करने के लिए अपनी पूर्ण चेष्टा लगा दें, तब भी अगर वह कार्य सम्पन्न नहीं हो तो ऐसे में आप तनाव को हावी न होने दें, बल्कि सोचें क्या तरीका अपनाऊँ जिससे मेरे तनाव वाले काम सीधे-सीधे होते जाएं। आपने देखा होगा कि जो व्यक्ति कोई खेल खेलते हैं, उन्हें तनाव कम होता है। इसका मुख्य कारण यही माना जाएगा कि जब आप खेल में रमिएगा तो आप अपने तनाव को भूलिएगा। इसका सीधा मतलब यह भी है कि जब आप अपनी ज़िंदगी में काम-धन्धे, परिवार-दोस्तों के अलावा कुछ ऐसे कार्य करने की भी सोच लें, जिससे आपको मानसिक शांति प्राप्त हो और जिसे करने में आनन्द आए तो आपका तनाव निश्चित रूप से समाप्त हो जाएगा।

जिन व्यक्तियों को तनाव अमूमन रहता है, उन्हें छोटे-से तनाव के पश्चात् भी माइग्रेन की तकलीफ हो जाती है और कई व्यक्ति तो ऐसे मिलेंगे, जो दो-दो, तीन-तीन दिनों तक लगातार माइग्रेन होने की वजह से चादर ओढ़कर सोते रहते हैं, सिर को बांधकर। ऐसे व्यक्ति को अगर किसी कार्यक्रम में जाने का निमंत्रण प्राप्त हुआ हो, तो वह उस कार्यक्रम में या रात्रि भोज के कार्यक्रम में शरीक नहीं हो सकता है। क्योंकि उसको पता नहीं है कि जिस समय उसे प्रस्थान करना है उस कार्यक्रम के लिए, उस समय उसका सिर दर्द ठीक होगा या नहीं होगा। अतः आप केवल यही सोचें कि मुझे ज़िंदगी में आनन्द प्राप्त करना है, हर पल का लुत्फ़ उठाना है, तो मैं तनाव कैसे कर सकता हूँ। महिलाओं को तो अपने रसोई घर से ही तनाव हो जाता है। कई महिलाओं को तो अगर नौकर की सहायता से रसोई में सफाई उपलब्ध नहीं रहे या खाना 10 मिनट लेट हो जाए तो ऐसा तनाव हो जाता है उसे मस्तिष्क में कि तनाव के कारण उस दिन का भोजन भी नहीं कर पाती हैं। आप चाहते हैं कि अच्छे पकवान बनें, अच्छे पकवान खाएं और भगवान के शरण में हर अन्न का लाभ लें तो आपको अपना तनाव स्वयं ही समाप्त करना पड़ेगा। अनुकूल या प्रतिकूल जैसी भी परिस्थिति आए, हमें एक दृढ़ संकल्प लेना है कि हम तनाव नहीं करने वाले हैं।

इसी प्रकार उचित तनाव रखने वाले व्यक्ति भी करोड़ों की तादाद में हैं। जिस व्यक्ति का ओहदा जितना बड़ा, उतना बड़ा ही उसका तनाव है। बात तो सही है, क्योंकि बड़े ओहदे पर बड़ी तनख्वाह मिलेगी और बड़ी तनख्वाह मिलेगी तो ज़िम्मेदारियाँ भी ज्यादा आएगी और यदि वे पूरी नहीं हुई या जैसा चाहिए वैसा परिणाम आपको नहीं मिल रहा है, तो आपके कार्य से तनाव उत्पन्न हो जाता है। ऐसे में सीधा-सीधा फार्मूला सिर्फ एक ही है कि आप कार्य क्षेत्र में जब जाएं तो केवल यह सोचें कि मैं प्रभु का केवल कार्य करने आया हूँ। मैं अपने सर्वोत्तम तरीके से कार्य करूँगा और फल की आशा नहीं करूँगा। अब तो हम शास्त्र की बात करने लगे कि कर्त्तव्य करो फल की आशा मत करो। पर हाँ! यही तो सच्चा गुरु मंत्र है तनाव भगाने का। तनाव हमें इसलिए हो जाता है, जब हम कुछ कार्य करते हैं और उसके लिए बड़ी उपलब्धियां, बड़े

फल या परिणाम की आशा में रहते हैं, ऐसे में आशा के अनुरूप हमारा कार्य नहीं होता तो फिर हमें तनाव हो जाता है। इसलिए ज़िंदगी के हर क्षेत्र में चाहे वह आपका व्यापार का क्षेत्र हो या नौकरी का क्षेत्र, चाहे गृहणी के रूप में अथवा पढ़ाई करने वाले बच्चे के रूप में आपका कार्य हो; कोई भी कार्य हो; कोई भी उम्र हो आपकी; कोई भी समय हो, हमेशा एक ही चीज़ ध्यान में रखें कि परमपिता परमात्मा आपका आशीर्वाद मुझे हर पल चाहिए। मैं अपने जो कार्य करने जा रहा हूँ, अच्छी प्रकार सम्पादित कर सकूँ। केवल ऐसा सोचने से आपका तनाव भाग जाएगा।

हर एक व्यक्ति को, विशेषतौर से जिसे तनाव रहता है, बराबर उसे यह सोचना चाहिए कि आखिर तनाव रखकर मैं क्या हासिल कर लूँगा? क्या तनाव रखने से मेरा दफ्तर का काम हो जाएगा, क्या तनाव रखने से मेरी यूनिवर्सिटी में फर्स्ट पोजिशन आ जाएगी, क्या तनाव रखने से मेरी बेटी की शादी पिछले दो सालों से नहीं हो रही है, वह हो जाएगी। उत्तर हर प्रश्न का एक ही मिलेगा और वह है-केवल तनाव रखने से आपकी ज़िंदगी में आपके कार्य सम्पादित होने वाले नहीं हैं। हकीकत यही है, फिर ऐसी स्थिति में आखिर हम और आप तनाव रखे ही क्यों। सबसे पहले इस बात को सोचना-समझना जरूरी है कि हमें अपने जीवन में कार्य करते हुए एवं प्रभु का आशीर्वाद प्राप्त करते हुए बिना तनाव के हर कार्य को सम्पादित करना है और हम जिस कार्य को करने जा रहे हैं, उसमें कोई सफलता मिलने वाली नहीं है।

अगर हमें दफ्तर का कोई काम आज ही समाप्त करना है शाम के 7:00 बजे तक और हमारे पास तीन घंटे हैं, फिर भी हम सोचते हैं कि स्पीड बढ़ाकर जल्दी-जल्दी फटाफट कार्य करके इसको समाप्त कर लें, ऐसे में सिर दर्द के साथ-साथ हमें तनाव भी हो जाता है और तनाव का वेग इतना गहरा हो जाता है कि जो काम 3 घंटे करने का है, उस काम को आगे हम चला ही नहीं सकते। हम बुद्धि को नहीं चला सकते, हम विचार शक्ति को खो देते हैं।

अतः हमेशा विचार शक्ति के ऊपर संयम बनाने के लिए, 'हमेशा तनाव को भगाओ' यही रखो एक नारा, अपने जीवन में सफलता पाने

का। जीवन में सफलता चूमेगी आपके हर कदम पर, अगर आपने ऐसा जीवन जीना सीख लिया। जहाँ पर जो कार्य आप कर रहे हैं, मालूम है कई कार्य नहीं हो सकते हैं एक ही समय पर, कई बार लोगों की वजह से तनाव मिलेंगे।

कई बार बिना गलती के ही तनाव की बातें सामने आएगी, पर आपने ऐसे अपनी बना ली है छवि कि तनाव आपके पास फटकता ही नहीं है। जी हाँ दोस्तों! सबसे पहले यह प्रतिज्ञा कर लो कि मेरे पास तनाव फटकेगा नहीं, और उसके लिए दो ही बातें ध्यान रखनी है, एक तो मैं तनाव को गले नहीं लगाऊँगा और दूसरा कोई अन्य व्यक्ति ज़बरदस्ती मेरे झोले में तनाव डालेगा तो मैं उसे ग्रहण नहीं करूँगा। केवल इतना भर सोचने से आप पाएंगे ज़िंदगी कुछ हसीन-सी हो गई है और आपको जीवन के हर पहलू में रंग भरने लगे हैं, आनन्द आने लगा है।

सोने से 90 मिनट पहले मौन हो जाएं

सम्पूर्ण विश्व में, विशेषतौर से अमेरिका में, नींद की गोलियों की बिक्री सर्वोत्तम है। इसका सीधा मतलब यह हुआ कि लोगों को रात में नींद नहीं आने की वजह से दवाइयों का सहारा लेना पड़ता है और असल में नींद नहीं आने का मुख्य कारण आपका तनाव ही तो है। अतः जितना आप तनाव से दूर रहेंगे, उतनी ही आपको रात्रि निद्रा अच्छी आएगी और अगर नींद अच्छी आएगी तो आधी बीमारियाँ आपकी स्वतः ही नष्ट हो जाएगी। लोग नींद की दवाई लेने के इतने आदी हो जाते हैं कि कम-से-कम 25 से 40 प्रतिशत व्यक्तियों को प्रतिदिन रात को नींद की दवाई लेने के बाद भी नींद नहीं आती। कई बार गलत भोजन से भी नींद आने में परेशानी होती है। परन्तु मेरा मानना है कि तनाव एक ऐसा कारण है, जिसकी वजह से आपको रात्रि निद्रा आने में परेशानी होती है। इस तनाव को भगा दें तो वास्तव में बड़ी अच्छी निद्रा आपके कब्ज़े में रहेगी। पर आप कहेंगे कि तनाव भगाना इतना आसान मुझे नहीं लगता और मेरे कहने से तनाव भागेगा, यह भी मुमकिन नहीं है; इसलिए आपको चाहिए एक ऐसा कारगर नुस्खा, जो आपके तनाव को भगा दे, जिससे आपको अति उत्तम निद्रा आने लगेगी। मैंने पिछले चार-पाँच वर्षों में सैकड़ों-हजारों व्यक्तियों पर यह अनुभव किया कि अगर वे रात्रि में निद्रा के समय से 90 मिनट पूर्व मस्तिष्क को पूर्ण रूप से खाली कर दें और तनाव संबंधित कार्य कल के एजेंडा से संबंधित, इन सब बातों से विश्राम ले लें तो उन्हें बड़ी अच्छी नींद आएगी। बात सीधी-सी है कि अगर आप, जो भी

आपका रात्रि का सोने का निश्चित समय है, उसके केवल 90 मिनट पहले अपने सभी तनाव को मस्तिष्क के बाहर निकाल दें, याद न करें अपने तनाव को और केवल निद्रा की तरफ एकत्रित करें अपने मानस पटल को तो आप निश्चित रूप से पाएंगे कि आपको बड़ी अच्छी नींद रात को आ रही है। ज्यादातर यह देखा जाता है कि व्यापारी वर्ग के लोग दिनभर के कार्य को समापन करने के पश्चात् जब रात्रि भोजन करते हैं, तो उस समय भी मन में तनाव करते रहते हैं कि अगले दिन सवेरे चेक आएगा बैंक में, पैसे की व्यवस्था नहीं हुई है या बड़े ऑर्डर का टेंडर भेजा था, वह हमें प्राप्त होगा या नहीं होगा। इन सब व्यापारिक बातों के बारे में चिन्तन करें, किन्तु चिन्ता न करें। इस बात का विशेष ध्यान रखें कि चिन्ता करने से कोई कार्य आपका सम्पन्न नहीं होगा। अगर कार्य सम्पन्न होगा तो केवल चिन्तन करने से। अतः चाहे छोटी हो या बड़ी समस्या, आप चिन्तन करें, किन्तु यह चिन्तन रात के निद्रा आने से 90 मिनट पहले बन्द कर दें। अगर आप ये दृढ़ संकल्प बना लें कि मैं रात्रि के समय अपने सोने समय के 90 मिनट पहले अपने सभी ऐसे कार्यों से मुँह मोड़ लूँगा, जिससे तनाव की आशंका है। मान लीजिए, यदि आप रात को 10 बजे सोने वाले हैं, 9:30 बजे आप कोई खबर समाचार में सुनते हैं, जिससे आपको तनाव हो जाता है, चिन्ता-फिक्र होने लगती है, फिर आपकी 10 बजे वाली नींद गायब हो जाती है या बार-बार हर 2 घंटे में रात भर आपकी नींद उड़ती रहती है, तो ऐसी अवस्था में सवेरे जब आप उठेंगे तो अपने आप को तरोताजा नहीं पाएंगे, दिन-भर आपका स्वभाव चिड़चिड़ा रहेगा।

वहीं दूसरी तरफ, अगर आप रोज रात्रि के 10 बजे सो जाते हैं तो ऐसे में भोजन आदि समाप्त करके रात्रि 8:30 बजे के बाद कोई भी व्यापारिक संबंधित चिन्ता आदि को अपने दिलोदिमाग में लाने नहीं दें, बल्कि व्यापारिक टेलीफोन आदि आते हों तो उनको भी नहीं उठाएं। शुरू में थोड़ा अटपटा लगेगा, आप सोचेंगे कि इससे तो मेरा व्यापार ही बंद हो जाएगा, पर ऐसी बात नहीं है, जब आपसे व्यापारिक ताल्लुकात रखने वाले व्यक्तियों को पता हो जाएगा कि

आप अपने स्वास्थ्य के लिए रात्रि 8:30 बजे के पश्चात् टेलीफोन नहीं उठाते हैं, तो लोग आपको अपने कार्य के लिए पहले ही फोन कर लेंगे और हाँ, ये जो 90 मिनट है रात्रि शयन के पहले वाले, जब हमने काम-धंधा, तनाव आदि की बातें सोचना, मनन करना, बात करना बंद कर दिया तो ऐसे में इस 90 मिनट में आप इच्छानुसार कार्य करे , जैसे-आप टी.वी. देखें, फिल्म देखें, बच्चों से बातें करें, गपशप करें, किताब पढ़ें या रात्रि के समय पार्क में टहलने जाएं। मगर एक बात का ध्यान रखना है कि सोने के 90 मिनट पहले हमें पूर्ण विराम देना है अपने उन विचारों को, जो हमें तनाव के तरफ ले जाने में अग्रसर होते हैं।

इस छोटे-से नुस्खे को आप अपने जीवन शैली में अपनाकर तो देखिए, आप पाएंगे कि वास्तव में केवल रात्रि निद्रा के समय के 90 मिनट पहले हम अपने दिमाग को पूर्णरूप से खाली कर दें तो निश्चित रूप से हमें तनाव का सामना नहीं करना पड़ेगा।

कहने और खीझने में फर्क रखें

कई बार हमें तनाव इसलिए हो जाता है कि हमें किसी चीज़ से खीझ होने लगती है। कृपया ध्यान रखें कि किसी अन्य व्यक्ति को कार्य-कलाप अथवा दृष्टिकोण की वजह से आपको खीझने का अधिकार नहीं है। आपकी खीझ केवल आपके लिए तनाव पैदा करती है और जब तनाव ज्यादा हो जाता है, आप समझ भी नहीं पाते कि क्या कारण है मेरे तनाव का। अगर आप एक छोटी-सी नोटबुक अपने साथ रखें और जब कभी भी तनाव हो तो उस समय का पूर्ण विवरण उस डायरी में दर्ज करें कि किस दिन, कितने बजे आपको तनाव हुआ और क्या कारण था। इस डायरी में पहले कब, क्यों, क्या, किसलिए, किसकी गलती, इन चीज़ों पर चिंता या मनन न करें।

सबसे पहले केवल देखें कि आज आपका तनाव दिनभर में किन-किन कारणों से हुआ, उन कारणों को आप अपनी डायरी में वर्णित करें। आप अपने तनाव देने वाले गतिविधियों का विवरण एक हफ्ता रखें, फिर उसको शांति से एक घंटा लगकर पढ़ेंगे तो आपको हँसी आएगी अपने ऊपर कि कितनी हैरत की बात है मैं इतने छोटे मुद्दे पर तनावग्रस्त हो गया। केवल एक बात का ध्यान रखें कि अगर आप तनाव रखते हैं, तो उसका जो भी नुकसान होने वाला है, वह केवल आपको होगा।

शुद्ध लाभ तो कभी भी तनाव से होता नहीं है, पर शुद्ध नुकसान केवल तनाव करने वाले व्यक्ति को होता है। जिस व्यक्ति ने तनाव कराया, वह इतनी मोटी चमड़ी का है कि उसे आपको तनाव दिलाने पर किसी प्रकार का परहेज नहीं है, न चिंता है, न दुःख है, न

अफसोस है, तो ऐसे में प्रत्येक समय मनन तो यही करना चाहिए कि आखिर मैं इतना मूर्ख नहीं हूँ कि मैं तनाव करूँ अन्य व्यक्तियों की वजह से। अतः कोई विचारधारा आपकी सहमति प्रदान नहीं करती किसी दूसरे व्यक्ति को, तो ऐसे में आप अपना विचार स्पष्ट रूप से रखें। बेमतलब न खीझे।

इस बात क़ा विशेष ध्यान रखें कि आपकी खीझ की वजह से जो तनाव पैदा होता है, वह केवल आपको ही होता है, इसलिए बिना खीझे अपनी बात रखने की आदत डालें। खीझ उत्पन्न होने के कई के कारण हो सकते हैं, कई बार हमारे इच्छा अनुरूप कार्य नहीं होता है तो हमें खीझ हो जाती है। तो कई बार हमारी सोच के अनुसार निध ॉरित समय में कार्य सम्पन्न नहीं होता है, तो भी हमें खीझ हो जाती है। कई बार सामाजिक कार्यों में किसी अन्य व्यक्ति की ज्यादा प्रतिष्ठा होने से भी हमें खीझ महसूस होने लगती है। होना तो केवल यही चाहिए कि अगर हमें किसी व्यक्ति से खीझ है या किसी बात से नाराजगी है या कोई चीज नापसंद है, तो वह बात स्पष्ट रूप से मगर प्यार से उस व्यक्ति को हम कह दें। ऐसा करने से आपका मन साफ रहेगा, आपके सिर दर्द नहीं होगा और न ही तनाव रूपी रेखाएं आपके ललाट पर झलकेंगी।

रोज सुबह आज का जरूरी चार्ट बनाएं

तनाव का एक कारण यह भी होता है कि हम एक दिन में ढेर सारे काम सोच लेते हैं और चाहते हैं कि मेरे सारे कार्य पूरे हो जाएं। अपने सीमाओं के मध्य कार्य करने की आदत हमें डालना चाहिए। जितनी मेरी क्षमता है, उसी क्षमता के अनुरूप दिन-भर में उतना ही काम होगा। आप बहुत मेहनत करते हैं, दिन भर कड़ी मेहनत करने के पश्चात् रात्रि के समय जब घर लौटते हैं तो आप अप्रसन्न रहते हैं, नाखुश रहते हैं और आपके चेहरे को भाँपकर आपकी पत्नी आपसे सवाल कर बैठती है- 'क्यों रोनी-सी सूरत बना रखी है तुमने, क्या बात है?' तब आप कहते हैं कि सुबह निकला था 8:00 बजे दफ्तर के कार्य के लिए, दिनभर काम करता रहा, अब रात्रि के 8:00 बजे घर आया हूँ, फिर भी ऐसा लगता है कुछ काम हुआ ही नहीं। और यह विचार कि पूरे दिन में मेरा कुछ काम नहीं हुआ, आपको तनाव की तरफ मोड़ देता है।

अगर आप चाहते हैं कि पूरे दिन किए हुए कार्यों से आप प्रसन्न रहें, आनन्दित रहें और संतुष्ट रहें तो कृपया रोज सवेरे उठते ही एक पेज व एक कलम लेकर चार्ट बनाएं कि आज आपके कौन-से जरूरी काम है। साथ ही अति जरूरी कार्य और आज का जरूरी कार्य उसके लिए अलग लिस्ट बना लें अर्थात् उसको आप अपने नम्बर 1 एजेंडा में लिखें। उसके बाद जो कल के जरूरी कार्य हैं और तीसरी श्रेणी में ऐसे कार्य, जिन्हें

करना तुरन्त जरूरी नहीं है, वे कार्य कुछ दिनों बाद भी होंगे तो कोई परेशानी नहीं होगी, उन कार्यों को अलग से लिखें। कार्यालय में बैठते ही सबसे पहले अति जरूरी कार्य, जो आपने चार्ट बनाया है, उसे पढ़ें और एक-एक करके दिन में उन कार्यों को सम्पादित करने की चेष्टा करें,

ऐसा करने से आज के अति जरूरी कार्य समाप्त हो जाएंगे और शाम के वक्त जब आप घर लौटेंगे तो आपको सकारात्मक ऊर्जा रहेगी कि आपने अपने पूरे दिन में बड़े ही अच्छे तरह से जरूरी-जरूरी कार्यों को सम्पन्न किया। अतः आप ऐसा चार्ट बनाकर तो देखें, आप पाएंगे शुद्ध फायदा-ही-फायदा।

तनाव भगाने का अचूक नुस्खा

चाहे व्यापार हो या नौकरी अथवा हम बातचीत करें सामाजिक गतिविधियों की, सभी क्षेत्रों में देखा जाता है कि हम मान-अपमान को लेकर अपना अहं अपने व्यक्तित्व पर हावी होने देते हैं और इसी के कारण हमारा निर्मल जीवन, दूषित जीवन में परिवर्तित हो जाता है, जहाँ केवल चारों ओर तनाव-ही-तनाव दिखलाई देता है। अतः अगर आप तनाव से मुक्ति चाहते हैं सदैव के लिए, तो कृपया मान-अपमान को स्वयं के व्यक्तित्व पर हावी न होने दें। अगर आप इसे अपने जीवन के ऊपर हावी होने देंगे तो ऐसी अवस्था में आपका तनाव बढ़कर आपको उस स्थिति में ले जाएगा, जहाँ से निकलना बड़ा मुश्किल होगा आपके लिए। ढेर सारी दवाइयाँ लेंगे तनाव दबाने के लिए, जो उचित नहीं है। अतः मेरी मानो तो अपनी दैनिक दिनचर्या में मान-अपमान को अपने व्यक्तित्व पर हावी न होने दें।

अगर आप व्यापार या व्यवसाय में मान-अपमान से संबंधित बातों को लेकर तनाव करते हैं, तो ठीक नहीं है। मान-अपमान, दैनिक दिनचर्या तथा रिश्तेदारों के व्यवहार आदि में भी एक महत्त्वपूर्ण भूमिका रखता है। सामाजिक क्षेत्र में मान-अपमान और आपका व्यक्तित्व, तीनों ही बड़े तनाव के भागीदार हैं और बड़ा ही महत्त्वपूर्ण तीनों का सम्मिश्रण है।

इस बात का अवश्य ध्यान रखें कि अगर आपने मान-अपमान को एक पर्सनल इश्यू बना लिया तो इससे केवल आपका तनाव ही बढ़ेगा। मान-अपमान से संबंधित पहलुओं पर चर्चा करके अगर कोई इसे

ठीक कर सकता है तो वह आप स्वयं ही हैं, क्योंकि आपको मान-अपमान की चुभन कैसी लग रही है, यह केवल आप ही जानते हैं, अन्य कोई व्यक्ति नहीं जानता। अतः जिन लोगों को तनाव होता है मान-अपमान के चलते, वे हमेशा इस बात का ध्यान रखें कि कभी भी इसे अपने स्वयं के व्यक्तित्व के उत्थान के प्रयास में गतिशील न होने दें। ऐसा करने से आपकी दिनचर्या अच्छी रहेगी और तनाव आपको नहीं होगा।

कई बार पिता-पुत्र में भी छोटी-सी बात को लेकर बहस छिड़ जाती है, झंझट हो जाता है, एक-दूसरे पर तोहमत लगाने को और गलत बोलने का कार्य शुरू हो जाता है, यदि उन सारी बातों को हम निष्पक्ष रूप से देखें तो पाएंगे कि सारी बात केवल मान-अपमान को अपने व्यक्तित्व पर हावी होने देने की वजह से ही आपको तनाव हुआ। अतः कभी भी मान-अपमान को अपने व्यक्तित्व पर हावी न होने दें। इस बात का ध्यान रखेंगे तो आपको कभी भी तनाव नहीं होगा।

जब प्रभु हों पास तो मानसिक तनाव कैसे

हमेशा इस बात का ध्यान अवश्य रखें कि प्रभु प्रतिपल मेरे पास है। मैं प्रभु की संतान हूँ और मुझे हर क्षेत्र में प्रभु का आशीर्वाद प्राप्त है। ऐसी विचारधारा रहने से आपको मानसिक तनाव हो ही नहीं सकता और फिर भी कभी मानसिक तनाव हो जाए तो एक ही वाक्य सोचें कि पल-पल प्रभु मेरे पास, फिर तनाव कैसे और क्यों मुझे। इस बात के लिए तो सबसे जरूरी यही बात है कि आप इस बात को वास्तविक रूप से मन में गांठ लें कि प्रभु की कृपा आपके साथ है। हर पल हर कार्य में प्रभु का आशीर्वाद आपके साथ है। ऐसी सोच अगर आप रखेंगे तो निश्चित रूप से आपको तनाव का सामना नहीं करना पड़ेगा। क्योंकि जब कभी भी तनाव आएगा तो आपके मानस पटल पर एक ही विचार रहेगा कि मुझे तनाव आ रहा है, पर मैं क्यों डरूँ तनाव से। तनाव मेरा कुछ भी नहीं बिगाड़ सकता, क्योंकि पल-पल प्रति पल प्रभु मेरे साथ में हैं। अतः जिस भगवान के ऊपर आपकी आस्था हो, उनकी एक फोटो अपने पर्स में रखें और जब कभी भी तनाव आए तो फोटो को देखकर मन-ही-मन बोले कि प्रभु! हो ना आप मेरे पास, तो फिर मुझे चिंता किस बात की?

भगवान के प्रति सच्ची लगन आपका रोज प्रभु नाम स्मरण करने से बढ़ती जाएगी और ये लगन जैसे-जैसे बढ़ेगी, वैसे-वैसे आप पर तनाव का असर नहीं होगा। अतः दिन का एक समय निश्चित करें और रोज सवेरे उस समय आप अपने प्रभु का नाम जाप करें। केवल उन्हीं भगवान

का स्मरण करें, जिनमें आपकी आस्था है, साथ-ही-साथ कुछ भजन गुनगुना लें और गायत्री मंत्र का जाप 11 बार कर लें, ऐसा करने से आपके दिल-दिमाग में तनाव की वजह से जो अशांति रहती है वह दूर हो जाएगी तथा आपको जीवन आनन्दमय लगने लगेगा। तनाव की कोई बात भी होगी तो वह आपको आई-गई लगेगी, उसका तनाव आपके मानस पट पर बिलकुल नहीं होने वाला है।

रात को सोने से पूर्व प्रभु का धन्यवाद अवश्य करें कि प्रभु! आज का दिन कितना हसीन बनाया मेरे लिए और आने वाले कल के लिए प्रार्थना करता हूँ तुम से कि कल भी मेरा दिन ऐसा ही मंगलमय हो। एक बात निश्चित रूप से मान लें कि प्रार्थना में जो शक्ति है, वह शक्ति केवल अनुभव की जा सकती है, उसे किसी तराजू में तौला नहीं जा सकता। अतः सच्चे लगन से, सच्चे मन से अगर आप प्रभु का ध्यान करेंगे तो आपका तनाव छूमंतर हो जाएगा। कई कारण ऐसे भी हैं कि जिसमें तनाव होना वाजिब है तो भी तनाव से उद्धार करने की शक्ति आपको अपने प्रभु के शरण में ही मिलेगी। इसलिए सच्चे मन से और निष्पाप हृदय से ईश्वर पर विश्वास करे तो आप पाएंगे कि जीवन में आई समस्याओं से उत्पन्न तनावों से पार पाने की क्षमता आप में ही कहीं मौजूद है।

खर्च घटाओ, तनाव भगाओ

अगर आपकी आय फिक्स है अर्थात् आपको प्रतिमाह नियमित रूप से एकमुश्त तनख्वाह के रूप में रुपये प्राप्त होते हैं या प्रतिमाह आपके व्यापार में 50,000 या 1,00,000 रुपये महीने की कमाई होती है। कमाई बढ़ नहीं रही है, खर्चे बढ़ रहे हैं, सारे भारत में मुद्रास्फीति का जो हाल है, ऐसे में सरकार चाहकर भी आपके आय को बढ़ा नहीं पा रही हैं और ऐसे में आपको तनाव हो जाता है, क्योंकि कारण है आपका मासिक खर्च।

हजारों-लाखों व्यक्तियों से विगत पाँच वर्षों में जब मेरी मुलाकात हुई तो मैंने और उनसे पूछा कि भईया! आप बतलाओ, क्या आपको अपने स्वयं के मासिक खर्चे की वजह से तनाव होता है या नहीं होता कभी। बड़े दुःख की बात है कि कम-से-कम 85 प्रतिशत व्यक्तियों ने एक ही जवाब दिया कि हां, विशेषतौर से महीने के 25 तारीख के पश्चात् गहरा तनाव होने लगता है और लगता है कि बाकी पाँच दिन घर खर्च चलेगा कैसे, और ये चिन्तन करते-करते हमें तनाव हो जाता है।

ऐसे व्यक्ति क्या करें, जिन्हें अपने परिवार के मासिक खर्चे की वजह से तनाव होता है, यह एक ऐसा प्रश्न है जिसका उत्तर किसी किताब में नहीं मिलेगा। परन्तु थोड़ा-सा सोचें-समझें और बुद्धि को काम में लेंगे तो इसका उत्तर हमें स्वयं अपने आप मिल जाएगा। सबसे पहले यह ध्यान रखिए कि अगर हमारा मासिक खर्च संतुलन गलत हो रहा है, तो ऐसी अवस्था में मुखिया होने की जिम्मेदारी का निर्वाह करते हुए अपने खर्चों का पुनः चिन्तन करें और देखें कि ऐसे

कौन-से खर्चे हैं, जिनको हम घटा सकते हैं। यह कार्य इतना जटिल नहीं है, अगर आप यह सोच लें कि मुझे मेरे तनख्वाह के बजट में ही काम चलाना है, तो ऐसी अवस्था में आप प्रतिदिन के खर्चे का हिसाब रखें। साथ ही पत्नी और बच्चे को भी बतला दें कि फालतू के खर्चे करने के अभी हमारे पास पैसे नहीं है। दिखावेबाजी, शोबाजी, अन्य लोगों के सामने अपनी झूठी शान दिखलाने आदि कार्यों के लिए अपने पैसे को कृपया नष्ट न करें। यह सबसे महत्त्वपूर्ण बात है। अगर आप और आपका दोस्त कहीं छुटिट्यों पर घूमने जा रहे हैं और आपकी दोस्त की इच्छा होगी-चलो आज बहुत ही अच्छे रेस्टोरेंट में खाना खाया जाए या कोई बड़ा शो है, उसे देख लिया जाए। इसमें कोई गलत बात नहीं है, अगर आप कोई शो देखें या खर्चे में 500-1000 रुपये ज्यादा खर्च कर दें। परन्तु जब विशेषतौर से आपका मासिक खर्च कंट्रोल के बाहर है, ऐसी अवस्था में निश्चित रूप से आपको अपने खर्चे पर लगाम लगाना पड़ेगा, तभी जाकर आप तनाव मुक्त रह पाएंगे।

हमारे ग्रेटर कैलाश में एक सिनेमा हॉल है, जहाँ हफ्ते में तीन दिन केवल 100 रुपये का टिकट लगता है और बाकी दिन 200 रुपये का टिकट लगता है। अगर मासिक बजट के अनुसार घर चलाने में परेशानियों का सामना करना पड़ता है तो कृपया आप इस प्रकार के लुभावने अवसरों का लाभ लीजिए, जहाँ पर आपको सप्ताह में तीन दिन सिनेमा देखने पर मात्र 300 रुपये लगेंगे। इसी प्रकार सब्जी, घर का राशन आदि लेने के लिए आप होलसेल मार्किट अथवा सब्जी मंडी का रुख करें। विशेषतौर से जब आपके पास मासिक खर्च में तंगी चल रही हो तो थोड़ा समय निकालकर आप स्वयं बाजार चले जाएं और ताजी तथा सस्ती सब्जियों का चयन अपनी पसंद अनुसार करें और महीने का राशन भी सस्ते दाम पर प्राप्त कर पाएंगे।

प्रत्येक मनुष्य को अपने दैनिक दिनचर्या के लिए मासिक बजट बनाना चाहिए। ये बजट पति-पत्नी और बड़े बच्चे हों तो सबको मिलकर बनाना चाहिए, फिर उसी के हिसाब से महीने भर के खर्च

की योजना बनानी चाहिए। ऐसा करने से तनाव बिलकुल भी नहीं होगा। अन्यथा अगर आप अपने मित्रों, पड़ोसियों या रिश्तेदारों आदि से तुलना करना शुरू कर देंगे और उनके जैसे ही खर्च को बढ़ाना शुरू कर देंगे तो निश्चित रूप से आपको परेशानी हो जाएगी। क्योंकि मासिक कमाई तो आपकी फिक्स है और खर्चे आप बढ़ाते जा रहे हैं। ऐसे में कर्ज लेकर या कोई गलत काम करके अपना खर्च चलाएंगे तो केवल तनाव-ही-तनाव आपके जीवन में हावी हो जाएगा।

अतः मासिक खर्चे को अपने बजट के हिसाब से बनाकर ही खर्च करें तो तनाव का एक महत्त्वपूर्ण कारण आपको परेशान नहीं करेगा। कई बार ऐसा भी होता है कि गंभीर बीमारी अथवा अन्य कोई कारण की वजह से भी मासिक खर्च बढ़ जाता है। ऐसी स्थिति में आप सामान्य व साधारण जीवन शैली अपनाएँ, फालतू खर्चे न करें और एक-एक रुपये की बचत करने की चेष्टा करें ताकि आपका मासिक खर्च घटे और तनाव दूर हो।

दिल पर मत लो तनाव

सफल जीवन तो तभी कहलाएगा, जब आप सतरंगी आनन्द जीवन में लेते जाएंगे। पल-पल कुछ-न-कुछ आनन्द, पल-पल कुछ-न-कुछ नवीनता, पल-पल कुछ-न-कुछ खुशहाली और कभी कोई कारण से खुशहाली न भी हो तो भी आपको प्रतिपल प्रतिष्ठा, खुशी और आनन्द प्राप्त होता रहेगा, अगर आप केवल एक विचार मन में ठान लें कि मैं अपने दिल पर नहीं लूँगा तनाव को। तनाव तो आता है, जाता है, रोकोगे, रुक जाएगा, सोचोगे कभी न करूँगा तनाव, कई दिनों तक नहीं होगा तनाव, परन्तु हो सकता है किसी दिन तनाव उदय हो जाए। तनाव तो आने-जाने वाला है, उसकी तरफ केवल एक दृष्टि रखो कि मैं अपने दिल पर तनाव को हावी नहीं होने दूँगा और वह दृष्टि इसलिए रखनी है कि इस ज़िंदगी का सतरंगी आनन्द ले सकें। सतरंगी जीवन की आनन्द की परिकल्पना को आप एकांत में बैठकर जरा विचार करिए कि अगर आपकी ज़िंदगी में सतरंगी आनन्द आए तो क्या-क्या हो सकता है। उस विचार के बारे में कम-से-कम एक घंटा मौन रखकर केवल उस बारे में सोचते रहें और साथ-ही-साथ एक कागज पर उन विचारों को लिखते रहें, जिन्हें आप अपनी ज़िंदगी का सतरंगी आनन्द समझते हैं। विचार कीजिए कि इस मानव जीवन में सभी सतरंगी तरंगों का लाभ लेना है, मुझे आनन्द लेना है। परन्तु ये तनाव रूपी दानव कभी-कभी मेरे मस्तिष्क में आकर घुस जाता है और मेरे दिल व दिमाग पर हावी होने लगता है। केवल उसी स्थिति में मुझे ज़िंदगी का सतरंगी आनन्द प्राप्त नहीं होता।

अत: सतरंगी आनन्द प्राप्त करने के लिए तनाव को अपने दिल के नजदीक मत लाओ। दिल में केवल प्रभु का विचार करो और प्रतिदिन

के लिए प्रभु को धन्यवाद देते जाओ। सतरंगी आनन्द की प्राप्ति में सबसे ज्यादा घाटा तनाव को शरण देने से होता है, क्योंकि आपका तनाव आपके दिल और मस्तिष्क पर हावी हो जाता है, राज कर लेता है और जिस प्रकार एक राजा किसी छोटे राजा को हराकर जीत जाता है, ठीक उसी प्रकार से आपका दिल एवं मस्तिष्क तनाव से दब जाते हैं और स्वयं कुछ भी नहीं सोच सकते। अतः ऐसी स्थिति में अपने जीवन में मत आने दो तनाव को। आप अपने सतरंगी ज़िंदगी के आनन्द पर तनाव रूपी दानव को हावी न होने दें। मस्तिष्क एवं दिल को यह समझाएं कि तनाव हमारे लिए नहीं हुआ है। अगर बसाना ही है तो केवल प्रभु के प्रेम को बसाओ अपने दिल में, तभी आपको सतरंगी जीवन का आनन्द प्राप्त होगा। अतः जब भी तनाव हो तो होने दो, क्योंकि कई बार जरूरी भी है ज़िंदगी में तनाव का होना। किन्तु ध्यान रहे कि वह तनाव क्षणिक ही हो। तनाव को दिल के नज़दीक न तो फटकने दो और न ही तनाव को आने दो मस्तिष्क के पास।

डर से ज़िंदगी नहीं चलती

किसी भी चीज का डर लेकर तनाव में न पड़ें, ज़िंदगी केवल प्रभु के बताए हुए रास्ते पर ही चलती है, इस बात को मनन करके ठान लो अपने मन में कि मेरी ज़िंदगी किसी भय से वशीभूत होकर नहीं चलने वाली। मानव जीवन में पचासों तरह के डर होते हैं। हो सकता है कुछ परिस्थितियों या पारिवारिक कठिनाइयों की वजह से ज़िंदगी में डर हो और केवल डर लगने लगे आपको प्रतिफल डर आपके जीवन में समा जाए। इस बात का ध्यान रखो कि डर से कोई उत्तर नहीं मिलने वाला है। अतः आप क्यों डरें? डर से ज़िंदगी नहीं चलती है, इस बात का पूर्णरूप से विश्वास करके परम आदरणीय परमात्मा के सामने केवल एक विचार रखें, मनन करें, चिन्तन करें, सोचें और बोले प्रभु को कि जब तुम हो हमारे पास, तुम्हारी कृपा है हमारे पास, तो डर का क्या काम। वैसे कहना तो है बड़ा आसान कि ज़िंदगी में डर नहीं है, पर अनेकों विचार आ जाते हैं। ज़िंदगी के राहों में चलते-चलते कई बार व्यक्ति को डर की सीढ़ी से गुजरना पड़ता है, परन्तु डर से मस्तिष्क में तनाव उत्पन्न न होने दो। डर आया है तो डर को भागना पड़ेगा और डर भागने का एक ही निश्चित उपाय है कि जितना हुआ उसकी चिन्ता न करो। अतः जब कभी ज़िंदगी में डर आए तो डर ज्यादा होने से या अलग-अलग प्रकार के डर मस्तिष्क में बैठ जाने से तनाव की प्रक्रिया बढ़ जाती है। अतः जब आप चाहते हैं कि आप तनाव न करें कभी, न

आज न कल न कभी, तो ऐसे में ज़िंदगी से डर तथा भय को निकाल दें बिलकुल। जब कभी भी कोई विशेष परिस्थिति में डर का सामना करना पड़े तो ऐसी स्थिति में एक सादे कागज पर पहले लिखें कि वह कौन-सा डर है, जो आपको सता रहा है। बड़े-बड़े शब्दों में दो पंक्तियों में अपने डर को लिख दें। उसके बाद नीचे छः पंक्तियों में लिखें कि क्या वास्तव में जो डर मुझे सता रहा है, वह हकीकत है क्या? अब इस प्रश्न का उत्तर आप अपने व्यावहारिक तरीके से और जो आप पर घट रहा है या जो बीत रहा है, उसको देखते हुए लिखें। हो सकता है आपका उत्तर आए कि हाँ वास्तव में इस अमुक अवस्था में मुझे काफी गहरा डर लगा रहा है।

अब उसका उत्तर स्वयं को ही निकालना पड़ेगा। यह बात तो निश्चित है कि किसी जादू-टोने से या कोई और अन्य कारण से आपका डर आपसे दूर नहीं जा सकता। ऐसी अवस्था में आप केवल 2-3 दिनों तक इस स्थिति का विकल्प सोचें कि आप के पास अपने अमुक डर को भगाने के लिए क्या-क्या विकल्प हो सकते हैं। उदाहरण के लिए, अगर आप नौकरी कर रहे हैं और आपको डर लग रहा है कि मेरी नौकरी जा सकती है, कम्पनी छुट्टी कर देगी मेरी, कर्मचारियों की तादाद में कटौती की जा रही है, ऐसे में मैं क्या करूँगा, कैसे चलाऊँगा घर का खर्चा-इस प्रकार का जब डर आए तो डर की परवाह तो बिलकुल न करें।

बल्कि जो रोज का आपका कार्य है उसे अपनी चुस्ती के साथ सम्पन्न करने की चेष्टा करें, सच्ची लगन से और भी अधिक अपना सर्वोत्तम अपने दैनिक कार्य में देने की सोचें और जहाँ भी कमी लग रही हो, आपको उस तरफ दिशा-निर्देश देकर ठीक करने की चेष्टा करें। इससे यह फायदा होगा कि आपको अपने नौकरी से हटने का भय या डर नहीं रहेगा, बल्कि जो कार्य आप कर रहे हैं उसे ज्यादा चुस्ती और उत्साह से करने में मदद मिलेगी। वहीं दूसरी तरफ अगर

आप दिन भर कार्यालय का कार्य करते-करते केवल एक ही चिन्तन करते रहे कि क्या होगा अगर मुझे आज शाम को ही घर जाते समय पिंक स्लिप दे दी गई और कह दिया जा कल से मत आना तो मैं क्या करूंगा। ऐसे विचार को दिमाग में मत आने दें। जब इस तरह की बात अभी घटी नहीं और ऐसी बातें सोच-सोचकर बेमतलब का तनाव करना ठीक नहीं। अत: जब ऐसी घटना घटे तब देखा जाएगा। अभी से डरकर तनाव नहीं करना है।

नकारात्मक विचार से करो परहेज

जब कभी खाली बैठे हों और अचानक कोई नकारात्मक विचार मन में आ जाता है, तो ऐसी अवस्था में आपका तनाव पहुँच जाता है सातवें आसमान पर। अतः आप हमेशा कोशिश यही करें कि नकारात्मक विचारों को अपने पास न फटकने दें। दिल बड़ा चंचल होता है, लेकिन मस्तिष्क उससे भी बड़ा चंचल होता है। इसलिए हमेशा यह विचार रखो मन में कि 'जाहि विधि राखे राम, ताहि विधि रहि,' अतः प्रभु ने जैसा सोच लिया मेरे को इस मानव जीवन में रखने का, मैं वैसे ही रहूँगा। चिन्ता-फिक्र मुझे कहीं नहीं हो सकती, ऐसा सोचने से आपको तनाव का अनुभव कदापि नहीं होगा।

श्री बनारसी लाल जी के बेटे, बहू और पोता इनोवा गाड़ी में अपने दोस्तों के साथ दिल्ली से मनाली घूमने गए। कार से मनाली जाने में तकरीबन पूरा दिन लग जाता है। बच्चों को हिदायत दी थी बनारसी लाल जी ने कि हर तीन घंटे में फोन करते रहना, अपनी कुशलता समाचार देते रहना और खाते-पीते घूमते-घामते आराम से जाना। वे लोग सवेरे छः बजे रवाना हुए थे। 9:15 बजे फोन किया पिता जी को कि सब राजी-खुशी है और नाश्ता करके रवाना हो रहे हैं। बनारसी लाल जी इतने में बड़े गुस्सा हो गए, बोले कि अभी 9:15 बज रहे हैं, तुमसे कहा था कि हर तीन घंटे में फोन करना। जब तुम छः बजे दिल्ली से रवाना हुए थे तो तुमको 9:00 बजे फोन जरूर करना चाहिए। अब 9:15 बज रहे हैं। मुझे बिना बात का तनाव हो रहा है यहाँ पर। देखिए, एक छोटी-सी बात से तनाव हो गया बनारसी लाल जी को। खैर! ये तो पन्द्रह मिनट लेट हुए तो जिसमें तनाव हो गया। शाम को करीब 7:00 बजे बच्चों का फिर फोन आया। होटल

पहुंचकर बच्चों ने सबसे पहले खाना खाया, फिर पिताजी को फोन मिलाया तो क्या डाँट लगाई पिताजी ने कि आप सपने में कल्पना भी नहीं कर सकते। उन्हें गुस्सा आ रहा था कि जब मैंने तुम्हें बताया था कि हर तीन घंटे में मुझे फोन करना और तुम लोग फोन नहीं कर रहे हो तो मेरे मन में अनेक गंदे विचार आते-जाते हैं और मुझे तनाव हो जाता है। तो देख लिया आपने कि बिना वजह भी तनाव स्वत: हावी हो सकता है।

अत: हमेशा ज़िंदगी को इस तरह से जियें कि छोटी-मोटी बातें आपके तनाव को उभार नहीं सकें और सकारात्मक सोच के साथ ही हर पल को बिताए, नकारात्मक सोच मस्तिष्क में लाने से कोई लाभ नहीं होगा आपका। इसी तरह श्री सतीश चन्द्र मिश्रा जी का अच्छा व्यवसाय चल रहा था बरेली शहर में और आमदनी अचानक कम हो गयी, क्योंकि सतीश जी को हृदय रोग हो गया था। सतीश जी तकरीबन 60 वर्ष की उम्र के थे, उनका 35 वर्षीय बेटा भी उनके साथ कार्य में लगा हुआ है। एक दिन पिता-पुत्र दोनों बैठकर चर्चा कर रहे थे कि अगर सतीश जी की तबीयत इस प्रकार खराब चलती रही तो घर का खर्चा कैसे चलेगा। घर खर्च के लिए इतने पैसे इकट्ठे नहीं हैं कि दो-चार साल, घर के खर्चे चला सकें। बेटे को रातभर नींद नहीं आई, वह इसी विचारधारा में डूबा रहा। उधर पिता को भी नींद नहीं आई, रात भर वे भी सोचते रहे कि बैंक में और घर में मिलाकर कुल 5 लाख रुपये पड़े हैं, इसमें तो पांच-छह महीने का खर्च चलेगा, इसके बाद खर्चा कैसे चलेगा और इस विचार बिन्दु ने दोनों के मस्तिष्क में ऐसा प्रभाव दिखाया कि सुबह तक दोनों को गहरा सिर दर्द हो गया था।

हो सकता है कि आपके मन में भी इस प्रकार के नकारात्मक विचार आएं, तो विचारों को आने दे, कभी रोके नहीं अपने विचारों को, किन्तु एक बात का ध्यान रखें कि नकारात्मक विचारों को हावी न होने दें आपके मन और मस्तिष्क पर। बल्कि समस्या के समाधान के लिए चिंतन करें कि कैसे आगे पैसे हमारे घर में आएं, कैसे चलेगा हमारा घर खर्च। कैसे हम खर्चों को कम करें, कैसे बीमारी के समय हम फालतू के खर्चों को न बढ़ाएं और यथासम्भव हो सके तो उन फालतू खर्चों को परिवार के सभी सदस्य मिलकर रोकने की चेष्टा करें। हां, एक बात तो निश्चित है कि इस कार्यक्रम को सम्पन्न करने में आपकी पत्नी या

आपकी बहुरानी का सहयोग कम भी हो सकता है तो कोई बात नहीं, उन दोनों को अगर आप ज्यादा बोलेंगे कंजूसी करो, बचत करो तो उन्हें लगेगा कि हमारे पति अब कुछ कमा ही नहीं रहे हैं, घर में पैसे ही नहीं है और जिस बात से तनाव हो रहा है आपकी पत्नी को, वह बात अतिशीघ्र घर-घर की बात बन जाएगी। अतः पत्नी को और बहुरानी को आप ज्यादा सम्मिलित न करें। इस बात को पिता-पुत्र दोनों मिलकर शांति से बैठें और समाधान निकाले इस समस्या का कि अगर बीमारी लम्बी चली तो बेटे को पिताजी की सेहत का भी ध्यान रखना पड़ेगा और व्यापार-व्यवसाय का कार्य भी करना पड़ेगा तो ऐसे में दोनों की जिम्मेदारी कैसे निभाएं ठीक से। पाठकों! कृपया यह हमेशा याद रखें कि जो सोचोगे वही होगा और चिन्ता करोगे ज्यादा तो कुछ भी लाभ नहीं मिलने वाला है। अतः चिन्ता न करो, हां कोई विचार बिन्दु आ गया, जिसके बारे में भविष्य अंधकारमय नज़र आता है, तब आप इस प्रकार का व्यापार, व्यवसाय, रुपये-पैसे आदि का सम्मिश्रण इस प्रकार करें कि आपको आने वाले समय में परेशानी नहीं हो।

पैसे बचाने के अन्य विकल्प सोचें। जैसे-बड़े मकान से छोटे मकान में आना; बड़ी गाड़ियां हटाकर छोटी गाड़ी रखना; फालतू के खर्चे, शॉपिंग, गिफ्ट आदि को कम करना। इस बात की हमेशा निश्चितता रखें कि ज्यादातर तकलीफ़ें जो दिख रही हैं, आने वाले भविष्य के लिए वो होती नहीं है, पर हम बिना बात ही तनाव कर बैठते हैं, नकारात्मक विचारधारा की वजह से। अतः अगर आप चाहते हैं कि तनाव रूपी दानव आपकी ज़िंदगी में दखलअंदाजी न करें और न ही दे आपको तनाव तो ऐसी स्थिति में हमेशा इस बात का ध्यान रखिए कि आने वाले कई मुद्दे ज़िंदगी में आपको तनाव देने वाले आएंगे, आना निश्चित है, उन्हें आप रोक नहीं सकते, पर इस बात को रोक सकते हैं कि तनाव रूपी बातों से आप तनावग्रस्त नहीं हो।

जो भी समस्या आए, उस समस्या का समाधान लेकर आप बढ़ते चलें, आगे कदम बढ़ाते जाएं। श्री मिश्रीलाल जी की सुपुत्री का विवाह संबंध अभी तय हुआ था दस दिन पहले, लड़का (जो विदेश से आया हुआ था) भारत में शादी करने के लिए, और शादी तीन हफ्ते के अन्दर ही करनी थी। वैसे तो ज्यादातर लोग जब लड़कियाँ बड़ी हो जाती है,

तब 90 प्रतिशत तैयारी करके रखते हैं। पर मिश्रीलाल जी की इच्छा थी कि विवाह संबंधित सभी कार्य बेटे, बेटी और दामाद को पसंद कराकर करवाऊं। इसलिए उन्होंने शादी की कुछ भी तैयारी नहीं की थी। जब घर में पता चला कि एक महीने से कम समय में शादी के सभी कार्यक्रम समाप्त हो जाने हैं, तो निश्चित रूप से तनाव होना वाजिब था।

सवेरे घूमते समय लोदी गार्डेन में वे मुझे मिले तो उनका चेहरा सुस्त था, चाल धीमी थी, चेहरे पर तनाव की रेखाएं नज़र आ रहीं थीं। जब मैंने कारण पूछा तो उन्होंने–कहा 'भाई साहब, जिसके घर में शादी हो और एक महीने से कम समय का वक़्त हो और इसी तय समय में बेटी की शादी, विदाई और विदेश यात्रा करनी पड़ जाए तो कितना मुश्किल है कार्य को संभालना।' मैंने कहा कि आपकी बात में बिलकुल दम है, बड़ा मुश्किल है इतने सारे काम एक महीने में करना, लेकिन आपको खुश होना चाहिए कि एक महीने में बेटी पराई हो जाएगी, अच्छा संबंध मिल गया और शादी भी फटाफट करनी है, ऐसी स्थिति में अपने दिनभर के कार्य करने के घंटों को बाँट दीजिए और 50 प्रतिशत से अधिक समय केवल शादी के कार्य में लगाएं। इसके अलावा जो काम घर के अन्दर के व्यक्ति कर सकते हैं, वह काम उन्हें दे दीजिए।

मेरी बात उन्हें समझ में आ गई। उन्होंने तनाव करना छोड़ दिया। माथे पर तनाव की रेखाएं जो स्पष्ट दिख रहीं थीं कल सवेरे तक, अगले दिन बिलकुल साफ हो गईं वे रेखाएं। क्योंकि उन्होंने अपने बेटे के जिम्मे लगा दिया बाहर का कार्यक्रम। स्वयं के जिम्मे रखा कार्ड छपाई और कार्ड की लिस्ट बनाना। पत्नी और बेटी को कहा कि तुम लोग शादी की खरीददारी का कार्यक्रम और जेवरात आदि खरीदने के कार्यक्रम को सम्पादित करो। इस प्रकार एक महीने में उनका शादी का कार्यक्रम अच्छी तरह निपट गया। कोई परेशानी नहीं हुई, कोई तनाव नहीं हुआ और शादी के दिन भी सदा की तरह हँसमुख रहते हुए अपना कार्य कुशलता से और गंभीरता से करते जा रहे थे। अतः अगर आप चाहते हैं कि नकारात्मक सोच को हटाना और तनाव को भगाना तो वैसी अवस्था में नकारात्मक तरीकों को अपनाना छोड़ दें और केवल सकारात्मक तरीके ही अपनाएं।

अपने अहं को साथ न रखें

मुझे याद है, कोई 30 साल पहले मैं अपने पिताजी के साथ स्वामी मुक्तानंद जी के आश्रम, गणेशपुरी में गया था। वहाँ पर मैंने देखा, जहाँ पर जूते खोलने का स्थान है, वहाँ पर एक नारा लिखा हुआ था कि 'कृपया अपने अहं को साथ न ले जाएं। यहीं इन जूतों में छोड़ दें।' एक बार उस समय मेरे मस्तिष्क पर इस बात का असर नहीं हुआ, क्योंकि उसका मतलब ही नहीं समझा था मैं, पर आज 30 साल बाद उस बात को याद करता हूँ तो मुझे पूरा भरोसा हो जाता है कि जो लिखा हुआ था, वह शाश्वत सत्य था। सच तो यह है कि आप मानो या न मानो, पर आप और हम ही जिम्मेदार हैं अपने अहं की वजह से अपना तनाव बढ़ाने के लिए।

अहं क्यों, सोचो जरा प्रभु की इस मायाजाल दुनिया में हमारा और आपका दूर-दूर तक कहीं भी अस्तित्व नहीं है। एक झटके में प्रभु की कृपा हुई तो हम ऊँचाइयों के शिखर पर पहुँच जाते हैं और वही अगले पल प्रभु की कृपा न हुई तो सड़क दुर्घटना के शिकार हो जाते हैं या वायुयान के लुप्त होने से गायब हो जाते हैं, न हमको दुनिया का पता, न दुनिया को हमारा पता। घर, मकान, इज्जत, पैसे सब यहीं पर एक कोने में दबे रह गए। न साथ गया, न हाथ में कुछ रहा हमारे पास। ऐसे में आप क्यों अपने अहं को तवज्जो देते हैं? आपका अहं आपके तनाव का प्रमुख कारण बन सकता है। इसलिए बेहतर यही होगा कि आज से आप दृढ़ प्रतिज्ञा कर लें कि मैं अहं को हावी न होने दूँगा ताकि मेरा तनाव मेरे बस में रहे।

महिलाओं को अपने रूप और सुन्दरता पर बड़ा घमंड रहता है, तो वहीं दूसरी तरफ सफल उद्योगपति को अपनी सफलता का अहं हर

समय नाक पर रहता है। वैसे ही सामाजिक प्रतिष्ठा या राजनैतिक प्रतिष्ठा वाले व्यक्तियों को भी अहं के नशे में चूर रहते हैं और एक दिन जब राजनेता गद्दी से हटा दिए जाते हैं या अगले चुनाव में जमानत तक ज़ब्त हो जाती है उनकी, तब उन्हीं की गली में निम्न-से-निम्न व्यक्ति भी उनको नमस्ते नहीं करता, तब जाकर उन्हें समझ में आता है क्यों मैंने पहले अहं किया। बेहतर तो यही होता कि अगर समग्र जीवन अपनाते हुए आप ज़िंदगी की राह पर चलते तो, इससे आपका अपना अहं उजागर नहीं होता, भीतर ही रह जाता और बाहरी दिखावे में भाग नहीं लेता, क्योंकि अहं की वजह से तनाव के अनेक कारण हो जाते हैं। कई बार तो हँसी भी आती है।

मुझे याद है एक अति प्रतिष्ठित अन्तर्राष्ट्रीय सामाजिक सेवा संस्थान के दो पदाधिकारियों में, पदाधिकारी जो सिलीगुड़ी में रहते थे, आपस में अहं की वजह से इस हद तक परेशानी हो गई कि उनकी बीस वर्षों की दोस्ती टूट गई। कारण सिर्फ इतना था कि उस सामाजिक संस्था के एक कार्यक्रम में किसी फोटोग्राफर ने एक दोस्त और उसकी पत्नी की कई सारी फोटो खींच ली थी और दूसरे दोस्त की तथा उसकी पत्नी की बहुत कम फोटो खींची थी। इससे पहले दोस्त के मन में अहं आ गया, फलस्वरूप बढ़िया चलता हुआ सामाजिक संस्थान बंद हो गया। अतः आपसे अनुरोध है कि आप कृपया जिम्मेदार व्यक्ति बनें और अपने अहं को अपने तनाव का कारण न बनने दें।

तनाव छोड़ो ज़िंदगी संवारो

सच तो यह है कि वास्तव में इस ज़िंदगी में तनाव ज्यादा है और खुशियाँ बहुत कम मौके पर हमें प्राप्त होती है। या यूँ कहिए कि खुशियाँ तो आती है पर हमें खुश रहना नहीं आता, यही मुख्य कारण है कि आपको ज्यादातर समय केवल तनाव-ही-तनाव नज़र आता है। क्योंकि छोटी-बड़ी खुशियाँ, जो आपके चारों तरफ बिखरी पड़ी हैं, दिख भी रही हैं, किन्तु आप उनको नज़रअंदाज कर रहे हैं, क्योंकि तनाव रूपी पलड़ा थोड़ा ज्यादा भारी हो गया। ऐसी परिस्थिति जब आए जीवनकाल में तो हमेशा इस बात को मद्‌देनज़र रखें कि ज़िंदगी में खुशियाँ बड़ी मुश्किल से मिलती हैं। दो पल भी खुशी से, आनन्द से हमने बिता लिए दिनभर में तो हमें खुश होना चाहिए। यह भी ध्यान देने योग्य बात है कि केवल सामाजिक कार्यों में लगे रहोगे और स्वयं के तथा परिवार के पालन-पोषण के प्रति जागरूक न रहोगे तो जीवन का सामंजस्य बिगड़ जाएगा, तनाव ही बढ़ेगा। सच बात तो यह है कि सफलतम व्यक्ति वही है, जो नीरस ज़िंदगी में छोटी-बड़ी खुशियाँ जिस तरह साथ होती है, उसी समय उन खुशियों का आनन्द लेना शुरू कर देता है और जब तनाव का समय आता है तो पाँच मिनट तनाव भी कर लिया, तो कोई चिन्ता नहीं है।

इस बात का ध्यान रखें कि तनाव को अपने खुशियों के ऊपर हावी न होने दें। आपकी ज़िंदगी की सफल कमाई तो इन्हीं खुशियों की वजह से है, क्योंकि इन खुशियों के कारण ही आप ज़िंदगी का आनन्द और लुत्फ़ उठा रहे हैं। अतः ज़िंदगी में लुत्फ़ उठाना चाहते हो तो छोटी-बड़ी खुशियाँ जब आए तो उसका आनन्द लेते रहो। अभी पिछले दिनों की बात है, मेरे दोस्त श्याम सुन्दर जी के बेटे सुनील कुमार का जन्मदिन था। सुनील तकरीबन 36 वर्ष के हो गये थे। शादी हो चुकी थी। दस साल का एक

पुत्र था। जब सवेरे पार्क में हम घूमने गए तो श्याम सुन्दर जी ने बतलाया–'आज मेरे बेटे का जन्मदिन है। मैं एक छोटी–सी पार्टी अपने बेटे, बहू और उनके दोस्तों के लिए करना चाहता हूँ। क्या आप कुछ आइडिया देना चाहेंगे सुभाष जी।' मैंने कहा– 'बड़ी अच्छी बात है, आपके मन में ऐसा विचार आया है कि मैं कुछ ऐसा करूँ कि मेरे बच्चे का जन्मदिन अच्छी तरह से मन जाए और बेटे की ज़िंदगी में खुशियाँ आए। बहू खुश रहे, पोता खुश रहे और मैं भी खुश रहूँ तो क्या मजा आ जाएगा।'

पार्क का एक राउंड घूमने का समाप्त हो चुका था। दूसरा राउंड हम प्रारम्भ करने वाले थे। तभी मैंने श्याम सुन्दर जी को कहा–'जरा रुक जाएं दो मिनट, कुछ खट्‌टा–मीठा बनाता हूँ और ऐसा बनाता हूँ आपके बेटे के जन्मदिन के माहौल को कि यह आपको हमेशा याद रहेगा।' दो–तीन मिनट मस्तिष्क पर जरा दबाव डाला और आ गया मेरे दिमाग में एक सुन्दर आइडिया। मैंने श्याम सुन्दर जी को कहा– 'आप बेटे को मत बताना कि आज आप उसका जन्मदिन मना रहे हो। शाम को करीब 6:00 बजे सिटी मॉल आप, बहू, बेटे और पोते के साथ चारों निकल पड़ो कि जैसे हम जा रहे हैं बच्चे के लिए एक खिलौना दिलाने।' श्याम सुन्दर जी मेरी बात समझ नहीं पाए– 'खिलौना तो अभी दिलाया था पिछले हफ्ते, जन्मदिन तो मेरे बेटे का है और उसमें पोते को खिलौना दिलाने की बात समझ में नहीं आ रही है लखोटिया जी।'

मैंने कहा– 'पूरी बात जरा दो मिनट सुन लो भईया। यदि समझ में आए तो करना और न समझ में आए तो मत करना।' मैंने फटाफट उनको अपना एक्शन प्लान बता दिया और साथ ही यह भी कहा कि बेटे को मत बताना कि उसका जन्मदिन मना रहे हो। बहू को बतला दो। मेरी बात सुनकर उनके चेहरे पर रौनक दिखने लगी– 'यूनिक लगा आइडिया।' मैंने कहा– 'पूरी बात अभी कम्पलीट नहीं हुई, आगे सुनिए, मॉल में आपको आपकी बेटी के परिवार को भी आमंत्रित करना है। जन्मदिन के समारोह में उन्हें वहीं पर बुलवा लो।' श्याम सुन्दर जी बोले– 'फिर सभी को पता चल जाएगा। मैंने कहा– 'नहीं चलेगा। आपकी बेटी, जंवाई और उनके बच्चों को बतला देगी कि शाम का डिनर का प्रोग्राम है जन्मदिवस के अवसर पर। पर जहाँ तक हो सके गुप्त रखना है अभी।' चलो यह भी बात तय हो गई। शाम को 7:00 बजे श्याम सुन्दर जी के बेटी के बच्चे मॉल में दिखे और

सुनील ने देखते ही कहा–'क्या हालचाल है?' उन्होंने मामा जी को जन्मदिन की शुभकामना दी। तब भी सुनील को पता नहीं चला कि आज उसका जन्मदिन मनाया जा रहा है। बच्चे बोले– 'मामा जी जन्मदिन की ट्रीट का क्या हुआ आज?' तब सुनील ने कहा– 'सारे लोग यहीं हैं, तो खिलौना खरीदने के बाद यहीं पर सब मिलकर खाना खा लेंगे।'

खिलौना खरीदने के बाद सारे लोग जब रेस्टोरेंट की तरफ जा रहे थे तो तभी सुनील को अपना अजीज दोस्त बंकट दिख गया। बंकट और उसकी पत्नी को सुनील की पत्नी ने फोन करके निमंत्रित किया था और ये भी कहा था कि बतलाना नहीं है अभी। जब सुनील को बंकट और उसकी पत्नी ने देखा तो दोनों ने दुआ–सलाम की परम्परा को निभाते हुए 'हैप्पी बर्थडे' कह दिया। तब सुनील ने कहा कि आज आप भी हम लोगों के साथ खाना खा लो। फिर सुनील ने बंकट को कहा– 'इस रेस्टोरेंट का मालिक तुम्हारी जान–पहचान वाला है न, उसको 10–15 परसेंट डिस्काउंट देने के लिए बोलो जरा–सा।' बंकट बोला– 'हां–हां बोल देता हूं, दे देगा 10–15 परसेंट डिस्काउंट।' तभी अंकित और उसकी पत्नी पास से निकले।

अंकित बंकट का दोस्त है और सुनील का भी। सुनील ने सोचा, हो सकता है बंकट और अंकित दोनों दोस्त हैं, तो आ गए होंगे डिनर करने। दोनों को इनवाइट कर दिया सुनील ने कि आज मेरा जन्मदिन है, बच्चे भी आए हुए हैं। तुम भी हमारे साथ यहीं पर डिनर ले लेना। अंकित और उसकी पत्नी ने कहा– 'ठीक है भईया। वैसे ही कब देते हो पार्टी, बड़ी मुश्किल से आज दे रहे हो पार्टी।' जब वे रेस्टोरेंट की तरफ जब चलने लगे, तब सुनील को अपनी बहन श्यामला दिखाई दी। सुनील ने सोचा कि हो सकता है बच्चे मॉल में घूमने आए हैं तो माता–पिता उनको लेने के लिए आ गए हों। उनको भी निमंत्रित कर दिया सुनील ने कि जीजा जी आइए, डिनर साथ में ले लेंगे। वैसे सुनील फालतू का खर्च नहीं करता है, इसलिए उसने श्याम सुन्दर जी से कहा कि पिताजी घर पर चलकर खा लेते हैं, क्योंकि घर पर तो खाना बना हुआ है। मगर श्याम सुन्दर जी ने कहा– 'बेटा, जब सब लोग आ ही गए हैं, तो चलो खा लेते हैं यहीं रेस्टोरेंट में। आज का खाना कल काम आ ही जाएगा। चिंता मत करो। फिक्र नॉट!' खाने का ऑर्डर देने का कार्य शुरू हो गया। सुनील की पत्नी और श्याम

सुन्दर जी को कहा गया कि आप दोनों मिलकर ऑर्डर दे दो। तब तक सुनील को पता नहीं था कि पहले ही 15 व्यक्तियों के लिए बुफे डिनर के लिए बुकिंग किया जा चुका है। अच्छा डिनर, जो बड़ा ही लजीज था। जब ऑर्डर दिया गया तो देखा कि वेटर तरह-तरह के स्टार्टर्स लेकर आ रहे हैं। कम-से-कम आधा दर्जन से अधिक तरह के। सुनील थोड़ा सुस्त लगने लगा, उसे तनाव होने लगा कि एक स्टार्टर्स तो 200-300 रुपये की होती है। यह क्या दे रहा है होटल वाला? किसने ऑर्डर दे दिया? सुनील की पत्नी ने कहा कि आपके पिताजी ने ऑर्डर दे दिया है और कहा है कि बेटे का जन्मदिन है आराम से ले लो, जो पसन्द आए। सुनील को चिन्ता यह हो रही थी कि दस-बीस हजार रुपये का बिल आ जाएगा। खैर! इतने में सुनील का एक परममित्र गौरव भी आ गया। गौरव और सुनील रोज सवेरे साथ-साथ घूमते थे। आज सवेरे भी साथ घूमे थे। सुनील को हल्का-सा भी नहीं लगा था कि उसका जन्मदिन आयोजित किया जा रहा है। सुनील ने यही सोचा कि शायद अंकित और बंकट की तरह गौरव भी मॉल में घूमने आया होगा। उसने कहा कि आजा भईया बैठ जा।

अभी तक सुनील को पता नहीं चला कि ये उसके जन्मदिन की तैयारियाँ हैं। खाना मेन्यू के हिसाब से फर्स्ट क्लास ऑर्डर दिया जा चुका था पहले ही। तीन प्रकार के सूप, चार प्रकार की सब्जियाँ, चावल, परांठा, रोटी और तीन तरह की मिठाइयाँ ये सब आने के बाद जब सब कुछ स्थिर हो गया तो तब जाकर सब लोगों के चेहरे पर जबरदस्त हँसी फूट पड़ी और सबने कहा कि वाह भई बर्थडे ब्वॉय सुनील। आज तो तुम झप्पू बन गए। अब क्या करता सुनील। बोला- 'हाँ! मैं तो वास्तव में झप्पू बन गया।' कहाँ सुनील के चेहरे पर 15 मिनट पहले तनाव की रेखाएं नज़र आ रही थी कि इतने लोग आ गए हैं, क्या खाना खिलाए या कम-से-कम खर्चा कैसे करें। परन्तु इस समय उसके चेहरे पर असीम प्रसन्नता थी और उसके पिता श्याम सुन्दर जी के चेहरे पर सुकून भरी हँसी थी।

अतः ज़िंदगी को नीरसता से निकालकर खुशियाँ और आनन्द देने में लगाते जाना चाहिए। आनन्द ले लो और न करो तनाव। यही ज़िंदगी का मकसद है। अगर आप भी ज़िंदगी में छोटे-बड़े आनन्द से रिचार्ज होते रहेंगे तो निश्चित रूप से आपकी ज़िंदगी हसीन हो जाएगी।

माफ करना सीखो

चाहे हमारा कर्मचारी हो या हमारा दोस्त, चाहे हमारे घर का नौकर हो या हमारा व्यापारिक सम्बंधी। दैनिक दिनचर्या में हम पाते हैं कि गलती की हमारे घरेलू नौकर ने और आगबबूला हो गए हम। तोड़ दी काँच की महंगी-महंगी क्रॉकरी, गुस्सा आ गया हमें या कोई जरूरी कागज जहाँ नौकर को बोला था उसने नहीं रखा और वह कागज नहीं मिलने से हो गई हमें परेशानी अथवा बैंक में चेक जमा कराना था और अपने कर्मचारी को पाँच दिन पहले दे दिया था कि याद करके अमुक दिन ठीक सवेरे 10 बजे बैंक में यह चेक जमा करा देना। वह उस दिन आया ही नहीं और न कोई खबर की और उसकी वजह से वह चेक जमा होने के पश्चात्, हमने जो चेक देने के लिए काटे थे, वह चेक बाउंस हो गए।

इस प्रकार की छोटी-बड़ी समस्याएं दैनिक दिनचर्या में हम रोज देखते हैं कि हमारे नजदीकी व्यक्ति गलतियाँ कर रहे हैं, हमारी उसमें कोई गलती नहीं है, फिर भी उनकी मूर्खता से हमारा समय नष्ट हो रहा है, हमें तनाव हो रहा है। ऐसे में हम झल्लाते हैं, गुस्सा होते हैं, कड़वा बोलते हैं, गाली-गलौज करते हैं। परन्तु अंत में इनका निष्कर्ष एक ही निकलता है और वह है हमारा तनाव बढ़ जाना। अतः अगर आप चाहते हैं कि आपका तनाव नहीं बढ़े बिलकुल, तो ऐसी अवस्था में केवल एक ही बात का ध्यान रखिए, सदैव माफ करने की प्रक्रिया अपनाओ। चाहे कोई भी गलती करे, माफ करने की चेष्टा करें। ऐसी सोच से आपका मन शांत रहेगा। आप तनावग्रस्त नहीं होंगे। बल्कि अपना एक स्वभाव बना लें कि अगर मेरे इर्द-गिर्द के व्यक्ति कोई

गलती करे, चाहे वह कोई भी हो तो मैं उसे माफ कर दूँगा। आपके माफ करने से कम-से-कम एक लाभ यह होगा कि आपका तनाव लुप्त हो जाएगा।

कई बार ऐसा भी देखा जाता है कि जिस व्यक्ति ने गलती की है, वह अपनी गलती भी नहीं मानता और न माफी माँगता है आपसे। ऐसे में मन-ही-मन में बोलें आप कि मैंने तुमको माफ किया, तुमने गलती की, कोई बात नहीं, मैंने तुम्हारी गलती को नज़रअंदाज करके तुम्हें माफ कर दिया। ऐसा बोलना नहीं है, केवल मन में ऐसे विचार लाने हैं। अगर इतना-सा सुधार आप अपने व्यक्तित्व में कर लें अर्थात् माफी देने का, तो ऐसी अवस्था में आपके मस्तिष्क पर तनाव का बोझ बिलकुल नहीं रहेगा और तनाव हो जाएगा आपका छूमंतर।

व्याकुलता में कमी लाओ

चाहे व्यापार हो अथवा सामाजिक कार्यक्रम या रिश्तेदारी निभाने का कार्य-सभी में अगर हम व्याकुलता रखेंगे तो आपके दिलोदिमाग में हमेशा तनाव छाया रहेगा। अत: अपने जीवन को अच्छा बनाने के लिए, कम-से-कम आप व्याकुलता को कभी भी स्वयं पर हावी न होने दें। व्याकुलता आपकी ज़िंदगी में अगर आए तो साथ में तनाव लेकर आएगी। जितनी अधिक होगी व्याकुलता, उतना ही अधिक होगा तनाव का बोझ आपके मस्तिष्क पर।

अत: आप अपने तनाव को कम करने के लिए दिल में व्याकुलता को न भटकने दो आसपास। अपने मस्तिष्क को हमेशा शांत रखने की चेष्टा करें और शांत रखने का उपाय है योग निद्रा अथवा ध्यान करना। सवेरे-सवेरे ब्रह्ममुहूर्त्त में 15-30 मिनट का अगर ध्यान का अभ्यास आप करते हैं तो आपके शरीर में व्याकुलता का कीड़ा स्वत: मर जाएगा और आप सम्पूर्ण दिन अपने आपको प्रसन्नचित्त, आनन्दमय एवं व्याकुलता रहित पाएंगे। जब व्याकुल नहीं रहेंगे तो निश्चित रूप से आपके तनाव में कमी आना स्वाभाविक ही है।

व्यापार से तनाव दूर करने का फॉर्मूला

व्यापार एवं व्यवसाय से संबंधित कागजों को समय पर फाइल न करने पर तनाव बढ़ जाएगा। अतः रोज का कार्य रोज करो। जो व्यक्ति व्यापार-व्यवसाय आदि में है, उन्हें ढेर सारे कागज प्राप्त होते हैं और सब कागजों को संभालकर रखना पड़ता है। आने वाले समय में यह सभी कागज पुनः निर्दिष्ट विभाग को दिखाने होते हैं या आयकर निर्धारण के समय जरूरी होता है कुछ कागज दिखलाना। इसके अलावा कई बार प्रॉपर्टी बेचते या प्रॉपर्टी खरीदते हैं तो उनका भी जो रजिस्ट्री डीड है, उसे संभालकर रखना अति आवश्यक है और आपने कुछ ज्यादा ही संभालकर उसे ज़रूरी कागज़ों के बीच रख दिया और जब समय आया तो आपको वह कागज नहीं मिला, ऐसी स्थिति में बहुत तनाव हो सकता है आपके मस्तिष्क पर।

आप प्रॉपर्टी बेचते हैं, तब इतनी चिंता की बात नहीं है, आपने बेच दी प्रॉपर्टी, रजिस्ट्री हो गई, आपको पेमेंट मिल गया और आपका कार्य समाप्त हो गया। अगर इससे संबंधित कागज आपके पास नहीं रहते हैं तो भी चिंता न करें, क्योंकि इन कागज़ों की प्रतिलिपि आपको खरीददार से प्राप्त हो जाएगी। परन्तु समस्या तब की है, जब आपने प्रॉपर्टी को बेचने की तैयारी कर रखी है और उसका ग्राहक भी तय हो गया है और पैसे भी। अब समय आता है ऑरीजनल यानी प्रॉपर्टी के असली दस्तावेज। आप अलमारी खोलकर प्रॉपर्टी की खरीद का असली दस्तावेज खोजने लगते हैं। आधा घंटा-एक घंटा खोजने के पश्चात् भी आपको असली दस्तावेज नहीं मिलते और ये कारण बन जाते हैं आपके तनाव का। हो सकता है कि जब आपने प्रॉपर्टी की खरीद की और उसकी रजिस्ट्री कराई, तो असली दस्तावेज ही लाना भूल गए हों। अतः हमेशा अपने घर, दफ्तर से और महत्त्वपूर्ण कार्यों से संबंधित कागजात को संभालकर रखें, आपका आधा तनाव समाप्त हो जाएगा। विशेषतौर से

प्रॉपर्टी के कागजात, आपके नाम का कोई सर्टिफिकेट, कम्पनी का लाईसेंस अथवा कोई रजिस्ट्रेशन सर्टिफिकेट ऐसे सभी महत्त्वपूर्ण कागजों को संभालकर रखें अन्यथा आने वाले समय में आपको परेशानी होगा, जब आपको इन कागजों की जरूरत होगी और संभालकर नहीं रखने की वजह से आप तनावग्रस्त हो जाएंगे और खोजने लग जाएंगे इन कागजों को और फिर अगले दिन सवेरे सब काम छोड़कर आपके जिम्मे एक ही काम रह जाएगा कि उन कागजों को खोजें और न मिलें तो डुप्लीकेट कॉपी लेकर आएं। अतः जो व्यक्ति व्यापार एवं व्यवसाय से जुड़े हुए हैं, उनके लिए विशेष ध्यान रखने की बात यह है कि वे अपना तनाव कम करने के लिए व्यापार संबंधित कागजात, साथ ही सर्टिफिकेट, लाइसेंस एवं प्रॉपर्टी के कागज़ों को संभालकर फाइल में यथासम्भव रखकर सुरक्षित जगह पर रख दें। सर्वोत्तम तो यही होगा कि जब कभी भी व्यापार संबंधित जरूरी कागज आए आपके पास, तो ऐसे में उन जरूरी कागजों को एक दराज में रख दें और महीने में एक दिन बैठकर उन सभी कागजों को स्वयं अपने हाथ से फाइल कर दें।

इसी प्रकार आप आयकर विभाग को इनकम टैक्स या एडवांस टैक्स का भुगतान करते हैं, तो उनके चालान वगैरह भी संभालकर अपने पास रख दें ताकि भविष्य में किसी प्रकार की समस्या नहीं रहे। कई बार यह देखा जाता है कि 6 साल या 10 साल के बाद भी आयकर विभाग से कोई नोटिस आ जाता है और ऐसे में आपके पास कोई कागज न होने की वजह से आपको परेशानी का सामना करना पड़ सकता है और तनाव बढ़ जाता है। कई बार दुबारा टैक्स का भुगतान करना पड़ता है, क्योंकि ऑरीजनल चालान जिसका भुगतान आपने आठ वर्ष पूर्व किया था, वह आपके फाइल में नहीं है। हो सकता है आपने नगद भुगतान किया हो, जिसकी जानकारी आज नहीं मिल पाएगी आपको। ऐसे में जरूरी यही था आपके लिए कि इससे भविष्य में होने वाले तनाव से बचने के लिए आप सभी कागजों को यथासम्भव संभालकर रखें। अगर अलग-अलग फाइलें बनाकर रखें तो यह ज्यादा सुविधाजनक और उपयोगी होगा।

बल्कि मैं तो कहूँगा कि जो बड़े व्यस्त व्यापारी हैं, उन्हें एक मास्टर फाइल बनाना चाहिए। इस मास्टर फाइल में सब महत्त्वपूर्ण बातों की जानकारी होनी चाहिए, चाहे वह पासपोर्ट की जानकारी हो या पैन अथवा आधार कार्ड तथा कम्पनी के रजिस्ट्रेशन की। यह सारा काम न केवल आपके भविष्य को सुरक्षित रखेगा, बल्कि तनाव को भी दूर रखने में आपका सहायक सिद्ध होगा।

अपना काम ईमानदारी से करें

हमेशा इस बात का विश्वास रखिए कि कर्म सर्वोपरि है और परमात्मा का आशीर्वाद प्रतिपल, प्रतिक्षण आपके साथ है। क्या आप अपने कर्म इस तरह से कर रहे हैं कि प्रभु का आशीर्वाद सदैव आपके पास रहे या आप अपनी गलत नीतियों के साथ जीवन निर्वाह कर रहे हैं, इस बारे में समय-समय पर मनन, चिन्तन आदि करते रहना चाहिए। ज्यादातर व्यक्तियों को यह बात समझ में आ जाएगी कि प्रभु का आशीर्वाद तो मेरे पास है। मैं गलत काम न कर रहा हूं, न करने की सोचता हूं, तो क्यों मेरे प्यारे प्रभु अपना हस्त मेरे ऊपर नहीं रखेंगे। ऐसा मनन करो, ऐसा सोचो।

आप ये चिन्तन करें कि नहीं, कोई कारण नहीं है ऐसा कि परम आदरणीय प्रभु का आशीर्वाद मेरे साथ नहीं हो सकता, ऐसा सम्भव नहीं है। प्रभु का आशीर्वाद मेरे साथ था, है और रहेगा। ऐसी बात हमेशा सोचते रहो। ऐसा सोचने से आपको तनाव बिलकुल नहीं होगा। तनाव की स्थिति से उबर जाएंगे आप। अतः सही कर्म करो प्रभु के आशीर्वाद से और ध न्यवाद दो प्रभु को प्रतिदिन कि हे प्रभु! तुम्हारे आशीर्वाद की वजह से ही मैं ज़िन्दा हूँ और तुम्हारे आशीर्वाद को ही मैं सबसे ज्यादा सर्वोच्च मानता हूं। इसलिए अपनी कृपा दृष्टि सदैव मेरे ऊपर रखना।

अस्पताल और शमशान घाट जाएं

बात तो थोड़ी विचित्र लगी होगी आपको, क्योंकि लेखक कह रहा है आपसे कि आप प्रतिमाह कम-से-कम एक बार किसी बड़े अस्पताल में जाएं और रिसेप्शन के सामने जो वेटिंग एरिया है, जहाँ पर बीमार व्यक्तियों के रिश्तेदार बैठे हुए दिखेंगे, आप वहाँ बैठ जाएं और आसपास के लोगों से चर्चा करते रहें कि किस चीज की बीमारी है उनको, कौन व्यक्ति बीमार है, क्या परेशानी है आदि-आदि। आप पाएंगे 15-20 मिनट में कम-से-कम 5-10 लोग, रिश्तेदार एवं बीमार व्यक्ति के परिजन आपको अपनी आपबीती बड़े दुःख के साथ सुनाने लगेंगे कि क्या हालत उनके घर में हो रही है, क्योंकि घर का मुखिया या घर का बच्चा या घर की बहुरानी बीमार चल रही है। कई व्यक्ति बीमारी से तो परेशान है ही, चिकित्सा पर हो रहे बेतहाशा खर्चों ने उनके घर का आर्थिक ढाँचा उथल-पुथल कर दिया है। ऐसे में 2 मिनट पश्चात् आप कल्पना करिए अपने घर की कि आपके घर का तो कोई रिश्तेदार अथवा दोस्त इस प्रतीक्षालय में बैठा हुआ नहीं है। नहीं है, कोई नहीं मिला आपको, न कोई रिश्तेदार, न कोई परिवार का सदस्य, तो आपको खुश होना चाहिए कि प्रभु की कितनी कृपा है कि आज हमारे घर का कोई भी व्यक्ति या हमारा दोस्त या हमारा खास परिचित अस्पताल में भर्ती नहीं है।

इस बात की परिकल्पना करने से ही आप तनाव मुक्त हो जाएंगे। क्योंकि आपको अहसास होगा कि जिस बारे में आप तनाव करते हैं या कर रहे थे या करने वाले हैं, ये बहुत छोटी-सी है; ज़िंदगी में अगर आप उसका मुकाबला करें ऐसे व्यक्तियों से, जिनके रिश्तेदार या परिवारजन अस्पताल में भर्ती है और प्रतिपल एक खर्च बढ़ते जा रहा है, बीमारी पकड़ में आ नहीं रही है, परिवार के सभी लोग चिन्तित है। इसी प्रकार आप अगर महीने में कम-से-कम एक बार बिना किसी रिश्तेदार या किसी

जानकार व्यक्ति की मृत्यु के, वैसे ही शमशान घाट पहुँच जाएँ, कुछ करना नहीं है, केवल आँखों से दृश्य को अपने मानस पटल पर लाना है। साथ ही जो बातें हो रही है; उनको कान से सुनना है। ध्यान रहे कि शमशान में जब आप बैठे हुए हों तो बातें न करें, किसी से भी मिलने की चेष्टा न करें। अगर आप दिल्ली के बड़े शमशान घाट पर चले जाएंगे तो आप पाएंगे कि वहां पर हर पाँच-दस मिनट में कोई-न-कोई व्यक्ति आ रहा है दाह संस्कार के लिए। आप उनमें से किसी को नहीं जानते, क्योंकि वे न तो आपके मित्र हैं और न ही आपके रिश्तेदार। 10-20 व्यक्तियों से लेकर 200 व्यक्तियों तक की टोली, जो अपने परिवार के किसी व्यक्ति के मृत्योपरांत उसका दाह संस्कार करने आए हैं।

ऐसे में बात मत कीजिए केवल बैठकर मनन कीजिए, और विचार करें, प्रभु को धन्यवाद दीजिए कि प्रभु आज मैं यहाँ तो आया हूं, पर तुम्हारी बहुत कृपा है कि आज मेरे घर में कोई गमी नहीं हुई है। किसी मिलने वाले व्यक्ति की या किसी रिश्तेदार की मृत्यु नहीं हुई है। इस बात के लिए प्रभु को धन्यवाद देकर 15-20 मिनट शमशान घाट में बैठकर, हाथ-मुंह धोकर घर की तरफ प्रस्थान करें। शमशान घाट से रास्ते तक के बीच में आप अपने चिंतन की तरफ जरा झांक लें। ऐसा क्या कारण था, जिसकी वजह से आप चिंता या चिंतन कर रहे थे। छोटे-मोटे कारण की वजह से चिंता करना कहाँ तक वाजिब है? इस बात का आप मनन करें, चिंतन करें और जरा सोचें कि बिना बात का चिंतन या बिना बात का तनाव और बहुत छोटी-छोटी बातों से तनाव करना सेहत के लिए हानिकारक है और यह भी सोचिए जिनके यहाँ गमी हो गई, उससे ज्यादा नुकसान तो कुछ हो नहीं सकता। तब भी सभी लोग शांतमय वातावरण में तनावरहित होकर अपने कार्य को निभा रहे हैं। आप सिर्फ आधा घंटा के लिए वहां जाएं तो आपको प्रतीत होगा कि वास्तव में वहाँ पर अजीब तरह की शांति मिलती है। क्योंकि आपको और आपके परिवार को वह दुःख आज नहीं आया, जो अन्य लोगों को आया हुआ है। अतः चालू कर दें एक बार शमशान घाट की यात्रा का अवलोकन करना, तब जाकर आप पाएंगे कि आपको अपनी परेशानी के कारण तनाव होना बंद हो जाएगा और कई बार आपको हँसी भी आएगी कि ऐसा भी क्या बड़ा कारण था, जिसके कारण से दैनिक जीवन में आप तनाव कर रहे हैं।

अनिश्चितता ज़िंदगी की और तनाव आपका

ज़िंदगी में अनिश्चितता प्रतिपल देखने को मिलती है। किसी दिन अखबार में खबर आई कि एक बेटा अपने पिताजी को साइकिल पर लेकर उनके फैक्टरी कार्यक्षेत्र में छोड़ने जा रहा था। अचानक एक ट्रक ने साइकिल को टक्कर मार दिया और इस टक्कर से पिता-पुत्र दोनों की एक ही सेकेंड में मृत्यु हो गई। कल्पना कीजिए कि उसके परिवार की क्या हालत हुई होगी। यहां पर अनिश्चितता के कारण ज़िंदगी में तनाव रहे हैं और समाधान कहीं नहीं है।

जरा सोचिए, सुनामी ने 2 मिनट के अंदर कैसी तबाही मचा दी थी या हाल ही में बाढ़ की वजह से कश्मीर में जो माल-जान आदि का नुकसान हुआ, यह सब तो अनिश्चित ही था। अनिश्चितताएं तनाव पैदा करती हैं। आप जरा अपनी गतिविधियों की तरफ नज़र डालकर देखिए, क्या आपके जीवन में कोई ऐसी बड़ी अनिश्चितता आई है, अगर नहीं आई है तो प्रभु के आशीर्वाद से नहीं आई है, जिसकी वजह से आपको तनाव का कोई कारण नहीं है। ऐसे में छोटी-मोटी बातों को लेकर अगर आप तनाव करेंगे तो ठीक नहीं रहेगा।

अतः ज़िंदगी की अनिश्चितताओं की तरफ जरा ध्यान दें और सोचें तथा प्रभु को धन्यवाद दें कि मेरी ज़िंदगी में अनिश्चितताएं नहीं आने की वजह से तनाव का पदार्पण नहीं हो रहा है। ऐसी विचारधारा के बारे में अगर आप सोचेंगे तो निश्चित रूप से आपको मानसिक शांति मिलेगी और छोटी-मोटी चीजों के कारण या गतिविधियों के कारण तनाव आपके पास नहीं फटक पाएगा।

कई व्यापार या व्यवसाय में ऐसा भी देखा जाता है कि जहाँ हजारों

लोग काम कर रहे हैं, सवेरे जब आप दफ्तर पहुँचते हैं तो आपको पिंक स्लिप दी जाती है अर्थात् आपकी हो गई नौकरी से छुट्टी। कल्पना कीजिए 500–1000 व्यक्तियों में से 100 व्यक्तियों को नौकरी पर आते ही पिंक स्लिप मिल गई, न कसूर बतलाया गया, न कारण बतलाया गया और उन्हें नौकरी से निकाल दिया गया।

ऐसी अनिश्चितता से तो तनाव होना वाजिब है। परन्तु आप अगर बिना किसी खास वजह के छोटी–मोटी बात से ही मन में तनाव रखते हैं तो यह आपकी गलती कहलाएगी। अतः तनाव को भगाएं और ज़िंदगी में होने वाली अनिश्चितताओं की तरफ नज़र दौड़ाएं, अगर हम अखबार को उठाकर देखें तो प्रतिदिन अखबार में कम–से–कम 10 ऐसी खबरें अनिश्चितता के बारे में मिलेगी, जिन्हें पढ़कर हम और आप भी दहल जाएंगे। परन्तु जब तक कोई ऐसी अनिश्चितता आपके जीवन में नहीं घट रही हो, तब तक आप प्रभु का आशीर्वाद लेते हुए हमेशा तनाव मुक्त रहें। इससे आपके कार्य करने की क्षमता बढ़ेगी और आप प्रसन्नचित्त रहेंगे।

सिकंदर महान की आत्मकथा पढ़ें

सिकंदर ने छोटी-सी उम्र में ही लगभग पूरे विश्व को जीत लिया था, इसलिए वह 'विश्वविजेता' कहलाया। भारत में उसने पोरस से लड़ाई की थी, जो काफी चर्चित रही। जब सिकंदर का अंत समय आया तो अपने कफन में उसने इस प्रकार की व्यवस्था कराई, जिससे कि उसके दोनों हाथ कफन के बाहर निकल जाएं। इसका मुख्य उद्देश्य केवल यही बतलाना था लोगों को कि देखो सिकंदर कितना महान था, उसने कितनी लड़ाइयाँ जीती, कितना साम्राज्य फैलाया, इतनी सम्पत्ति उसके पास इकट्ठी हो गई, मगर अंत में उसे अपने साथ ले जाने के लिए कुछ भी नहीं मिला।

'ऐ दुनिया वालों! सुन लो मेरी दास्तान, मैं खाली हाथ आया था, विश्व का साम्राज्य मैंने जीत लिया, परन्तु साथ मेरे कुछ भी नहीं जाएगा।' आप भी एकांत में बैठकर इस बात पर चिन्तन और मनन करें थोड़ा-सा तो निश्चित रूप से आपका तनाव दूर हो जाएगा। यह मेरे अनुभव की बात है। एक दिन ऐसे ही किसी कारण से मैं तनाव में आ गया, मेरा बेटा भी बैठा हुआ था साथ में, उसे भी तनाव हो गया। मामला ही कुछ इस तरह का था कि बिल्डर लोगों ने भुगतान वगैरह करने में टाल-मटोल करना शुरू कर दिया और हमें हो गया तनाव। तब मेरे बेटे ने मुझे कहा कि याद करो सिकंदर की कहानी को, याद करो सिकंदर की उस बात को, जब सिकंदर ने कहा था कि साथ में कुछ भी नहीं जाएगा।

इस बात को थोड़ा गंभीरता से सोचने से हमें यह अहसास होगा कि ज़िंदगी में कम-से-कम पैसे के लिए तो तनाव बिलकुल न करें। हाँ! चेष्टा अवश्य करें कि आप अच्छे से पैसे कमायें और आपका पैसा दिन

दूना रात चौगुना बढ़े, परन्तु केवल पैसे के लिए आप तनावग्रस्त हो जाएं, यह कोई अच्छी बात नहीं है। अगर सिकंदर की कही बात से प्रेरित होकर उसकी कहानी को स्वयं पढ़ें तो मेरा मानना है कि निश्चित ही आपको प्रेरणा मिलेगी और आप भी सिकंदर की नसीहत से सीख जाएंगे जीवन की कुछ मूलभूत बातें और छोटी-मोटी बातों की वजह से आपको तनाव नहीं होगा।

अतः आज से दृढ़ निश्चय कर लें कि अगर मेरा कोई भुगतान किसी से आना है, देरी से आता है या किसी कारण से कोई देनदार बिना भुगतान किए मर जाता है ऐसे में पैसे नहीं आते डूब जाते हैं, तो मैं मेहनत करूंगा उस पैसे को लाने के लिए, मैं मेहनत करूंगा कोर्ट-कचहरी की मदद से पैसे वापस लाने के लिए, मैं मेहनत करूंगा प्यार से उस व्यक्ति के रिश्तेदारों, मिलने वाले से चर्चा कर किसी प्रकार भी साम, दाम, दंड, भेद अपनाकर अपने पैसे उनसे वसूल करने के लिए। परन्तु अगर देनदार ढीठ है या व्यापार की मजबूरियों की वजह से इतना सख्त हो गया है कि आपके पैसे देने में सक्षम नहीं है, तो ऐसे में कृपया आप तनाव न करें। तनाव करने की वजह से आपका स्वयं का शरीर खोखला हो जाएगा, मस्तिष्क काम करना बंद कर देगा और हो सकता है उसकी वजह से आपको दो-चार अन्य बीमारियाँ लग जाएं। इसलिए हमेशा सिकंदर की कहानी को याद रखते हुए अपने जीवन पथ पर चलते जाएं-चलते जाएं और तनाव को हावी न होने दें, न आज और न कल।

झूठ बोलो और तनाव भगाओ

वाह भई वाह! इस अध्याय के विषय को देखकर आधे पाठक चक्कर में आ गए होंगे, ये क्या बात लिखी है कि आप झूठ बोलो और उससे तनाव भाग जाएगा। मुझे तो लगता है कि अगर इस अध्याय का नाम विशेष तौर से व्यापार, व्यवसाय या उद्योग में लगे लोग शायद इस अध्याय को पूरा न पढ़ें और मन में केवल एक बात ठान लें कि अच्छा अब हम भी झूठ ही बोलेंगे, क्योंकि झूठ बोलने से तनाव नहीं होता है। परन्तु दोस्तों! मेरा अभिप्राय कुछ अलग है और मैं ले चलता हूं आपको अति प्रतिष्ठित एवं प्रभावशाली डॉ. हेमिल कुवे की विचारधारा से अवगत कराने। डॉ. हेमिल कुवे विश्व के सुप्रसिद्ध डॉक्टरों में एक हैं, जिन्होंने बहुत सरल सलाह मरीज़ों को दी। उस सलाह में खर्चा भी नहीं होता और उपचार भी हो जाता है।

निश्चित तौर से मुझे भरोसा हो रहा है कि आपके मन में कुछ हलचल होनी शुरू हो गई है, क्योंकि हमने बात कर दी आपकी बीमारी को ठीक करने की और वह भी बिना किसी डॉक्टरी खर्चे के, बिना किसी दवाई के, बिना किसी सर्जरी के और बिना डॉक्टर को फीस दिए। वास्तव में बात कुछ है ही ऐसी कि आपको और ऐसे सभी व्यक्ति, जो बीमार हैं या बड़ी बीमारी से ग्रस्त हैं या जिनके परिवार के सदस्य झेल रहे हैं असाध्य बीमारी को, ऐसे

सभी व्यक्तियों के लिए संदेश है डॉ. हेमिल कुवे का, जिसके शरण में आप निश्चित रूप से अपने आप को रोग मुक्त कर सकते हैं। अब बिना किसी भूमिका के हम सोच-समझ लें कि आखिर क्या है ऐसा संदेश डॉ. हेमिल कुवे का, जो विश्व प्रसिद्ध हो गया और जिसकी वजह से उन्हें विश्वभर में जबर्दस्त प्रसिद्धि प्राप्त हुई। डॉ. हेमिल कुवे कहते हैं कि आप प्रतिदिन सूर्य उदय के पहले और रात्रि को बिस्तर पर सोने के लिए जाने से पहले अपने पलंग पर बैठे और आँखें बंद करके अनेक बार केवल यह बोलें कि रोज मेरे स्वास्थ्य में लाभ हो रहा है, दिन-प्रतिदिन पहले से अच्छा हो रहा हूं।

डॉ. हेमिल कुवे का यह फार्मूला विश्व प्रसिद्ध हो गया और लाखों-करोड़ों व्यक्तियों ने अपने जीवन में इस फार्मूले को अपनाना शुरू कर दिया और बीमारियाँ भाग गईं कोसों दूर। जब आप एक-एक पंक्ति का वाक्य सुबह उठते ही तथा रात्रि शयन पर जाने से पूर्व दोहराते हैं और बार-बार दोहराते हैं, उदाहरण के लिए- मुझे बहुत अच्छा प्रतीत हो रहा है; आज सवेरे से ही प्रभु की असीम कृपा रही है मेरे लिए; मेरा दुःख-दर्द आज अन्य दिनों से कम है; मुझे तनाव नहीं हो रहा है; मेरी ज़िंदगी में जो बड़ी बीमारी आई, वह धीरे-धीरे समाप्त होने के कगार पर है; मैं बड़ा ही स्वच्छ व्यक्ति हूँ और मेरा भरोसा है जो मैं बोल रहा हूँ वही मेरे जीवन में घट रहा है और घटता रहेगा और अगले दिन सवेरे पुनः मैं उठकर यही प्रार्थना परमपिता परमेश्वर से करूँगा कि मैं आज स्वयं को कल से बेहतर व अच्छा महसूस कर रहा हूँ; मुझे अच्छी सेहत और खुशियाँ प्रभु दिन-प्रतिदिन दे रहा है। अगर आप मन में इस प्रकार के विचार रखेंगे तो निश्चित रूप से आपका तनाव भाग जाएगा। हमने इस अध्याय के शीर्षक में ही बता दिया आपको कि

'झूठ बोलो और तनाव भगाओ' इसका सीधा मतलब यह है कि आज आपके स्वास्थ्य में कोई लाभ नहीं हुआ, दिन-भर जैसा स्वास्थ्य आपका था, आज भी वैसा ही स्वास्थ्य है आपका, कोई प्रगति जरा-सी भी नहीं दिख रही है आपको।

यह हकीकत है, ऐसा आपको लग रहा है। परन्तु फिर भी मान लो एक मिनट के लिए कि आप झूठ बोल रहे हो मेरा स्वास्थ्य ठीक हो रहा है। मान लो, आप झूठ बोल रहे हो कि मैं बड़ा प्रसन्न हूँ, मैं आज बड़ा खुश हूँ, प्रभु ने कृपा की कि मेरा स्वास्थ्य कल के मुकाबले आज थोड़ा सुधरा है और दिन-प्रतिदिन मैं अपने स्वास्थ्य का लाभ कर रहा हूँ, यह हकीकत नहीं लग रहा हो आपको, तो भी इस बात का उच्चारण करते जाएं और मन में यह दृढ़ प्रतिज्ञा लेकर बैठे कि नहीं ऐसी बात नहीं है, मेरा स्वास्थ्य निश्चित रूप से कुछ-न-कुछ बेहतर है। ऐसी विचारधारा रखने से आपका तनाव समाप्त हो जाएगा। अतः अगर अपने स्वास्थ्य के लिए स्वयं से ही झूठ बोल रहे हो तो उसका मजा जीवन जीते हुए प्रभु के आशीर्वाद से प्रतिदिन बोलते जाओ कि मेरा स्वास्थ्य कल से बेहतर है आज, और अपने तनाव को कोसों दूर भगा दो।

धन, भोग और तनाव

यह तो सभी को विदित है कि हमारे साथ, हमारा रुपया, हमारी अमूल्य वस्तु या हमारी अतिप्रिय वस्तु कभी नहीं जाएगी। एक किस्सा है गुरु नानक का, उनके पास एक प्रतिष्ठित व्यापारी मिलने गया। उस व्यापारी को अपने पैसे पर बहुत नाज था, आखिर सम्पत्ति, व्यापार, व्यवसाय प्रत्येक क्षेत्र में वह द्रुतगति से उन्नति कर रहा था। गुरु नानक देव जी ने उससे कहा–'मेरा एक छोटा-सा काम कर दो भईया।' व्यापारी बोला–'जो आज्ञा प्रभु! आप जो कहेंगे वही मैं करूँगा।' गुरु नानक ने एक सुई मंगवाई और उस व्यापारी को दे दी और बोले– 'मेरा एक छोटा-सा काम है और वह काम यह है कि मेरी मृत्यु के पश्चात् इस छोटी-सी सुई को मुझे ऊपर दे देना।' इस बात में उस व्यापारी को ज़िंदगी का पूरा निचोड़ समझ में आ गया।

बात समझ में आ गई कि हमारे साथ कुछ भी नहीं जा सकता है और वह तनावरहित ज़िंदगी बिताने लगा। हकीकत को समझाने में गुरु नानक जी ने जो फार्मूला का प्रयोग किया, वह वास्तव में अनुकरणीय है। तनाव का एक बड़ा कारण यह भी है कि ज्यादातर लोग 50 की उम्र पार करने के पश्चात् मेरा रुपया, मेरा भोग और मैं, इसी चर्चा में उलझे रहते हैं। इससे ज़िंदगी में तनाव महसूस होने लगता है। एक सच्ची घटना याद आ रही है, श्री प्रशांत एक प्रतिष्ठित ख्याति प्राप्त क्रिमिनल लॉयर थे और जब उनकी उम्र 50 की हो गई तो उन्होंने स्टॉक मार्केट और रियल एस्टेट दोनों में ही निवेश करना शुरू कर दिया। प्रभु के आशीर्वाद से 5 वर्षों में ही रियल एस्टेट में उन्होंने जो निवेश किया था, उसके दाम बढ़ गए। वहीं दूसरी तरफ स्टॉक मार्केट में तेजी आने के कारण उनके

स्टॉक की कीमत बहुत ज्यादा बढ़ गई। दोनों निवेश में सफलता हासिल करने के पश्चात् श्री प्रशांत को महसूस हुआ कि मैं इन रुपयों का भोग कैसे करूँगा, अब तो मैं 50 के पार हो चुका हूं। उन्होंने रुपये को अपने ऊपर खर्च करने का प्लान बनाया। जब भी कोर्ट-कचहरी से महीने भर की लम्बी छुट्टी होती तो अगले ही दिन श्री प्रशांत विदेश यात्रा पर चले जाते। चाहे क्रूज की यात्रा हो, चाहे न्यूजीलैंड की यात्रा हो या सीधे अमेरिका की सैर हो, वे अपनी पत्नी के साथ घूमने का कार्यक्रम बनाते रहते। 52 वर्ष की उम्र में श्री प्रशांत एक दिन अचानक बीमार पड़ गए, और बीमारी ऐसी कि जिसका निदान आसानी से नहीं हो पा रहा था। पूरे शरीर में प्रशांत जी को दर्द रहने लगा, जबरदस्त कमजोरी होने लगी और खाने में रुचि भी नहीं रही।

इन तकलीफ़ों से परेशान होकर प्रशांत जी को लगा-'हे राम! अब क्या होगा, जो रुपये मैंने कमाये पिछले पाँच साल में, करोड़ों रुपये इकट्ठे हो गए, बेशुमार जमीन-जायदाद जायदाद हो गए और करोड़ों रुपये के स्टॉक मार्केट के शेयर भी हो गए। अब मैं कैसे भोग कर पाऊँगा इनका, विशेषतौर से जब मेरी तबीयत ठीक नहीं है, इस बात के बारे में जब वह सोचते तो उनके चेहरे पर तनाव आ जाता। देखिए, कैसी है प्रभु की माया। एक तरफ जिसके पास पैसा नहीं होता, उस व्यक्ति को तनाव होता है और प्रभु से प्रार्थना करता है कि हे प्रभु! मेरे ऊपर कृपा करो कि कुछ लक्ष्मी मेरे पास ज्यादा आ जाए और इसी का तनाव करता रहता है कि कैसे लक्ष्मी आए मेरे पास ज्यादा। वहीं दूसरे तरफ ऐसे व्यक्ति भी हैं, लाखों-करोड़ों रुपये कमा रहे हैं, साल-दर-साल ज़मीन-जायदाद तथा स्टॉक मार्केट के दाम बढ़ने की वजह से उनकी सम्पत्ति की कीमत भी काफी बढ़ जाती है।

अब ज्यादातर चिंता उन व्यक्तियों को सता रही है, जो 50 या 60 की उम्र पार कर चुके हैं और किसी बीमारी से ग्रस्त हो गए हैं, जिसके कारण वे स्वयं को असक्षम महसूस करने लगे हैं कि मैं अपनी सम्पत्ति का पूरा सदुपयोग अपने लिए कर पाऊँगा या नहीं। फलस्वरूप वे तनावग्रस्त रहने लगते हैं। अतः मेरा ऐसे व्यक्तियों को सुझाव है कि आप अपने रुपये, अपने भोग और अपनी बीमारी, इन तीनों की तरफ

देखना बंद कर दे तो आपका तनाव भाग जाएगा। आप केवल ऐसी विचारधारा रखें कि प्रभु के आशीर्वाद से जो कुछ मैंने पाया, उसके लिए प्रभु को ढेर सारा धन्यवाद दे दूँ। इससे आपको अपने रुपये की वजह से जो तनाव हुआ, वह समाप्त हो जाएगा।

प्रशांत जी के एक बेटा और दो बेटी है। एक बेटी की शादी हो चुकी है, दूसरी बेटी की शादी की तैयारी में हैं, लेकिन उचित जोड़ी अभी नहीं मिल पाई है। प्रशांत जी ने सोचा कि मैं अपने पैसों में से कुछ पैसे पहले अपनी छोटी बेटी की शादी के लिए अलग निकालकर रख देता हूं। उसके पश्चात् बाकी रकम में से बेटे को 20 करोड़ दे दूंगा तो उसकी गाड़ी चल जाएगी। और जिस बेटी की शादी हो चुकी है, (चूंकि उसकी शादी के समय में प्रशांत जी इतने पैसे वाले नहीं थे कि बेटी की उस समय दे पाते), 5 करोड़ रुपये उसे दे देता हूँ। अपनी भावना को क्रियान्वित करने के लिए प्रशांत अपनी बड़ी बेटी को बुलाकर 5 करोड़ रुपये की सम्पत्ति (कुछ शेयर, एक फ्लैट, कुछ बैंक बैलेंस) मिलाकर दे दिया और अपनी पत्नी को दूसरी पुत्री की शादी के लिए जो रुपये रखे थे, वह उन्हें समझा दिया। ऐसा करने से उनका मन कुछ हल्का हो गया।

अगले दिन सवेरे नाश्ते के दौरान उनकी पत्नी ने देखा कि प्रशांत पुनः तनाव में आ गए हैं। तनाव की कोई वजह नहीं, न कोई झगड़ा हुआ, पर तनाव परिलक्षित था प्रशांत के चेहरे पर। पत्नी ने पूछा, 'ऐसी क्या बात है, जो तुमको परेशान कर रही है और सवेरे से तुम तनाव में घिरे हुए हो।' प्रशांत ने बतलाया, 'दरअसल मुझे चिंता हो रही है कि बड़ी बेटी को 5 करोड़ देने, छोटी बेटी के लिए शादी का खर्चा देने और बेटे को 20 करोड़ देने के बाद भी हमारे पास तकरीबन 50 करोड़ रुपये की सम्पत्ति है।' इस सम्पत्ति का भोग आनन्दपूर्वक कैसे भोगें, यह थी समस्या प्रशांत की और यही समस्या तनाव दे रही थी। प्यारे दोस्तों! ऐसी समस्या केवल प्रशांत ही नहीं, आपके और हमारे बीच में भी होती रहती है। विशेषतौर से जब हम पाते हैं कि कोई बड़ी बीमारी से परिवार के किसी सदस्य का या परिवार के मुखिया की तबीयत खराब होने की वजह से घर-सम्पत्ति सभी का पूर्ण रूप से यथासंभव भोग नहीं हो पा

रहा है। नकारात्मक विचारधारा जब भी आपके मन में आए तो ऐसे में हमेशा कम-से-कम आधा घंटा ध्यान करें। नकारात्मक विचार मन में उत्पन्न होंगे, आने दीजिए नकारात्मक विचार को। कुछ देर बाद स्वत: ही सकारात्मक विचार भी आपके मानसपट पर आने आरम्भ हो जाएंगे। अत: योग एवं ध्यान का अभ्यास करें। अपनी नकारात्मक विचारधारा को हटाने के लिए आप कुछ दिनों के लिए अवकाश लेकर घूमने चले जाएं, इससे भी आपके चिंतन में बदलाव आएगा।

विशेषतौर से उस समय जब लोग बीमार हो जाते हैं या परिवार में किसी खास सदस्य को कोई असाध्य बीमारी हो जाती है, ऐसे में चिन्ता-फिक्र सताती रहती है कि आने वाले समय में क्या होगा। यहाँ तक कि भरपूर सम्पत्ति होने के बावजूद भी कई बार यह चिन्ता सताती है कि अगर मेरी अकाल मृत्यु हो गई तो मेरे घर-परिवार का खर्चा कैसे चलेगा। अधिक मनन-चिंतन करने से भी चिंता बढ़ जाती है और तनाव भी। परन्तु विचारों को विराम देकर यह सोचना पड़ेगा कि ज़िंदगी की नियति तो यही है कि हम कुछ भी साथ नहीं लाए थे और कुछ भी हमारे साथ नहीं जाएगा, ऐसे में हमारा धर्म बन जाता है जब तक हम ज़िन्दा हैं प्रभु को उनके दिए गए धन-दौलत के लिए धन्यवाद देते रहें। स्वार्थ वाली भावना मन से निकाल दें, आपको अपने दोस्तों में ऐसे बहुत ही कम व्यक्ति मिलेंगे, जो बोलेंगे कि आप पैसे के प्रति अपना लगाव हटाने की चेष्टा करो और अपना स्वार्थ का जीवन हटाओ। केवल मैं और मेरे पैसे का भोग इन बातों को मत सोचो।

ऐसा करने से आपके मन में तनाव नहीं रहेगा। अन्यथा घर में माया होने के पश्चात् भी आपकी विचारधारा केवल एक तरफ चलती रहेगी और आप दु:खी होते रहेंगे कि मैं अपने पैसे को कैसे खर्च करूँ और तनाव इस बात का होता रहेगा-हे राम! मेरा पैसा, मेरी कमाई हुई दौलत का सदुपयोग मैं नहीं कर पा रहा हूँ और ऐसी विचारधारा जब आपके मन में जागृत होगी, तब आपके मन में तनाव चलता ही रहेगा।

अपने दिल से पूछिए कि आप भी क्या उन व्यक्तियों में से हैं? हकीकत तो यही है कि उन व्यक्तियों में से हैं आप, जिन्हें अपने रुपये का भोग और मेरे रुपये मेरे काम में आए, इसी बारे में चिंता

एवं चिंतन लगा रहता है। आपको मानसिक तनाव आज नहीं तो कल निश्चित रूप से होगा, पर मानसिक तनाव से छुटकारा पाने का केवल एक ही उपाय है और वह यह है कि आप अपने रुपये कमाने के कार्य में लगे रहें। आप अपने रुपये अपने ऊपर ही खर्च करें, परंतु आप अपने रुपयों को महात्मा गाँधी के सिद्धांत के हिसाब से ट्रस्टी के रूप में मानें। अर्थात् अगर आपके पास 2, 5, 10, 100 या हजार करोड़ की सम्पत्ति भी है तो उसे अपना न समझें।

जब तक आप ज़िन्दा हैं, उस सम्पत्ति का सदुपयोग करते रहें। हमारे जाने के बाद वह सम्पत्ति किसे मिलेगी, क्या उसका दुरूपयोग होगा या नहीं, ऐसे विचारों को मस्तिष्क में न पनपने दें अन्यथा मस्तिष्क अशान्त हो जाएगा और आपको तनाव देना प्रारम्भ कर देगा। अतः सच्चे दोस्त की सलाह मानें तो निश्चित रूप से अमीर व्यक्ति, अति अमीर व्यक्ति या साधारण व्यक्ति सभी के काम की बात तो यही है कि उन्हें 'मेरे पैसे, मेरे लिए' जैसी विचारधारा से कोसों दूर रहना पड़ेगा, इससे उनके मन में शांति आएगी और उनका तनाव समाप्त हो जाएगा।

जरा सोचिए, 15-20 साल पहले आपके पास फाइव स्टार होटल में जाने के पैसे नहीं होते थे, अब पैसे आए, तो आपने जाना भी शुरू कर दिया, पर सेहत साथ नहीं दे रही है, ऐसी अवस्था में तनाव होना वाजिब है। परन्तु समझदार व्यक्ति इस प्रकार के तनाव को भगाना चाहे तो केवल एक ही रास्ता है और वह रास्ता है महात्मा गाँधी का रास्ता। अर्थात् जो सम्पत्ति आपने अर्जित की है उसका उपयोग करिए, उसका भोग करिए और चिर स्थाई समय तक उसके भोग के बारे में या 'हमारे मृत्यु के पश्चात् सारी सम्पत्ति हे राम! दूसरे लोग भोगेंगे', ऐसे विचारों को आने न दें अपने मस्तिष्क में। गीता सार में, जिसमें सम्पूर्ण गीता की बारीकी लिखी हुई है, उसमें उसके अन्दर साफ-साफ स्पष्ट रूप से लिखा हुआ है-'ये सम्पत्ति जो तुम्हारे पास है, उसके बारे में तुम मानो ये आज तुम्हारी है, कल में किसी दूसरे की थी और आने वाले कल में भी किसी दूसरे की होगी।' अतः मेरा मानना है कि आप भी गीता सार को पढ़ें और

उसमें वर्णित बातों को ध्यान में रखें, तब किसी भी प्रकार का तनाव आपको नहीं होगा, अपनी सम्पत्ति और भविष्य में उसके उपयोग के बारे में। मैं नीचे 'गीता सार' प्रस्तुत कर रहा हूँ-जिसे आपने पढ़ा भी होगा और पुनः पढ़ लेने से आपकी कोशिश रहेगी कि मैं अपने पैसों के बारे में और आने वाले समय में इसका उपयोग किस प्रकार करूंगा, इस बारे में योजना बनाकर चलूंगा। गीता सार इस प्रकार है-

'जो हुआ वह अच्छा हुआ,
जो हो रहा है, वह अच्छा हो रहा है।
जो होगा, वह भी अच्छा होगा।
तुम्हारा क्या, जो तुम रोते हो,
तुम क्या लाए थे, जो तुमने खो दिया,
तुमने क्या पैदा किया, जो नष्ट हो गया,
तुमने जो लिया, यहीं से लिया,
जो दिया, यहीं पर दिया,
जो आज तुम्हारा है,
कल किसी और का था,
कल किसी और का होगा।
परिवर्तन ही संसार का नियम है।'

मुझे सैकड़ों लोगों से मिलने का मौका मिला, जो छुप-छुप कर रोते हैं सिर्फ इसलिए कि उनके पास प्रचुर मात्रा में सम्पत्ति अर्जित हो गई है। परिवार तथा रिश्तेदारों को देने के पश्चात् भी प्रचुर सम्पत्ति है और अचानक उन्हें बीमारी हो गई है, जिसकी वजह से उन्हें चिन्ता होने लगी है कि मेरे प्रचुर सम्पत्ति का सदुपयोग मैं नहीं कर पाऊँगा अपने जीवन काल में। ऐसी विचारधारा ज्यादा आने के कारण ही लोगों को परेशानी होती है। प्रकृति की वास्तविकता तो यही है कि हमें सब कुछ यहीं छोड़कर जाना पड़ेगा। अतः महात्मा गाँधी की बात यहाँ पर चरितार्थ होती है कि जो कुछ यहाँ आपके पास है चल एवं अचल सम्पत्ति, वह सब सम्पत्ति ही आपकी शक्ति है।

ऐसा सोचो कि आप अपनी सम्पत्ति के ट्रस्टी हैं। अतः आपकी जिम्मेदारी बनती है अपनी सम्पत्ति को अच्छी तरह संभालकर रखें, जब

तक आपके पास ये जिम्मेदारी है पूर्ण रूप से निभाएं। आपके जाने के बाद दूसरा व्यक्ति ट्रस्टी बनेगा और संभालेगा काम-धाम को, मालिक होगा हमारी सम्पत्ति का और उसके लिए हम आज चिन्तित क्यों हों। जब मैंने पिछले दिनों श्री अनिल अग्रवाल, जो एक प्रतिष्ठित उद्योगपति और वेदांता ग्रुप के चेयरमैन हैं, की बात सुनी कि वे अपनी 75 प्रतिशत सम्पत्ति को समाज में दान देना चाहते हैं। ऐसी प्रेरणात्मक बातें सुनकर प्रेरणा मिलती है और हमारा तनाव भी समाप्त हो जाता है।

तनाव भगाने का तरीका एक ही है कि आप रुपये-पैसे की तरफ से अपना मन-मस्तिष्क हटा लें और साथ ही साथ जिन चीजों में आपकी रुचि है उनकी तरफ अपना ध्यान दें। उदाहरण के लिए- कुछ लोगों की रुचि पहाड़ों पर घूमने जाने की होती है, तो कुछ लोगों की रुचि समुद्र या नदी के पास सैर करने की होती है तो कुछ आध्यात्मिक स्थलों पर जाते हैं। आप भी अपनी रुचि के बारे में सोचें और उसे पूरा करने की कोशिश करें। ऐसा करने से आपको आंतरिक प्रसन्नता प्राप्त होगी और आपका तनाव भाग जाएगा। आपके तनाव का जिम्मेदार अगर कोई है तो केवल आप हैं, इसलिए अपने रुपये-पैसे संबंधित तनाव को भगाने के लिए आज ही निर्णय ले लें कि आप बची हुई ज़िंदगी जो कब तक है, यह किसी को नहीं मालूम; उस ज़िंदगी के बारे में केवल आनन्द लेते जाएं और अपनी इच्छाओं को पूरी करने में अपना तन-मन-धन लगाएं।

अल्प अवधि के तनाव

जिस व्यक्ति को तनाव करने की आदत रहती है, वह समस्या छोटी हो, अति छोटी हो या अति अल्प समय की हो, फिर भी तनाव कर लेता है। तनाव करने से और विशेषतौर से अल्प अवधि की समस्याओं को लेकर अगर आप तनाव करते हैं, तो अपना काफी समय नष्ट कर लेते हैं। कई बार तो देखा गया है कि मात्र 5-7 मिनट या 10 मिनट के अल्प अवधि के लिए कोई छोटा-सा तनाव आपकी ज़िंदगी में आ गया तो उसको लेकर गहरे बैठ गए और 2 घंटे नष्ट कर दिए। इसलिए हमेशा इस बात का ध्यान रखें कि जहाँ तक हो सके आप छोटे-मोटे मुद्दों पर खास तौर से अति अल्प अवधि के लिए आने वाले तनावों को अपनी ज़िंदगी में न आने दें।

तनाव तो तनाव है, कई बार कोई पत्र आता है और पत्र खोलने के पहले ही आप चिन्तित हो जाते हैं कि आखिर क्या लिखा होगा इस पत्र में। मैंने देखा है कई बार करदाताओं को आयकर विभाग से कोई नोटिस आता है तो आयकर विभाग का नाम-पता लिफाफे के ऊपर देखते ही उन्हें तनाव हो जाता है, विभिन्न प्रकार की शंकाएं होने लगती है। डर लगता है कि कहीं मेरा केस स्क्रूटनी में तो नहीं आ गया। लिफाफा खोलने में भी डरते हैं। अतः तनाव को भगाने के लिए, विशेषतौर से अति अल्प अवधि वाले तनाव ज़िंदगी में आने लगे, तो उससे घबराइए मत, उसका जमकर सामना करिए। छोटे-मोटे कम अवधि वाले तनाव को लेकर चिन्तित बिलकुल भी नहीं होना है, यही हमें ध्यान रखना है। क्योंकि अत्यधिक तनाव से हमारा शरीर प्रभावित होने लगता है, जिससे शारीरिक समस्या उत्पन्न हो जाती है। एक बार शरीर खराब हुआ तो पुनः ठीक करना बड़ा ही मुश्किल कार्य है। इसलिए छोटे-मोटे अल्प अवधि वाले तनाव ज़िंदगी में आए तो उनको नज़रअंदाज करके अन्य कामों को निपटाने में व्यस्त हो जाइए।

प्यार से सुलझाएं व्यापारिक झगड़े

व्यापार करेंगे तो तनाव भी होगा और व्यापारिक झगड़े भी होंगे। हो सकता है कि झगड़े का प्रमुख कारण आप ही हों या कोई अन्य व्यक्ति हो, जिसकी वजह से आपके व्यापार में झंझट हो रहा है। पर चाहे कारण आप हों या अन्य व्यक्ति, एक बात तो निश्चित है कि व्यापारिक झगड़े अगर होते हैं, तो वे ज़िंदगी में तनाव पैदा कर देते हैं। आप अगर तनाव को व्यापारिक झगड़ों से दूर रखना चाहते हैं, तो नीति के अनुसार कार्य करिए। व्यापारिक लेन-देन में ठीक तरह से निभाइए अपना फर्ज़। जो जिम्मेदारी आपकी है-चाहे भुगतान करने में, चाहे माल सप्लाई करने में या मामले में, उन सबको चुस्ती के साथ समय पर निपटाने का लक्ष्य रखिए। दूसरे व्यक्ति से भी अनुरोध कीजिए कि वह भी अपना लक्ष्य उसी प्रकार रखे और उसकी जो जिम्मेदारियाँ हैं उनको समय पर पूरा करें। यह बात निश्चित रूप से सही है कि व्यापारिक लेन-देन में तनाव या झगड़ा तब होता है, जब आपको समय पर अपना माल नहीं मिलता, जिसका ऑर्डर दिया था आपने और आगे जहाँ सप्लाई करना है वहाँ देर हो जाने की वजह से आपका ऑर्डर रद्द हो जाता है या पेनाल्टी लग जाती है, इन सब वजह से ही व्यापारिक तनाव होता है। दूसरा मुख्य कारण व्यापारिक तनाव का यह है कि समय पर आपको भुगतान नहीं मिला। आपको भुगतान नहीं मिलने की वजह से आपने आगे भुगतान नहीं दिया और आगे भुगतान नहीं मिलने की वजह से उस अगले व्यक्ति ने अपने अगले व्यक्ति को भी भुगतान देर से दिया। इस प्रकार एक व्यक्ति के व्यापारिक भुगतान में देरी होने की वजह से पूरा चक्रव्यूह बन जाता है और एक के बदले 10, 20, 50 या उससे

भी ज्यादा व्यक्ति आपस में तनाव करते हैं, क्योंकि उनका व्यापारिक चक्र बंद हो जाता है पैसे समय पर न मिलने के कारण।

हमने कई बार देखा है कि व्यापारिक झगड़े और तनाव की वजह से आपस में बोलचाल बन्द हो जाती है, व्यापार टूट जाता है, दोनों ही पार्टियों को नुकसान होता है, पर इससे भी ज्यादा नुकसान होता है जब दोनों व्यापारी, व्यापारिक झगड़े की वजह से आपस में उलझ जाते हैं, लड़ने लग जाते हैं, हाथापाई पर आ जाते हैं, एक-दूसरे को मारने की बातें सोचने लगते हैं। आप अपने तनाव को भगाने के लिए इस प्रकार की विचारधारा को कोसों दूर रखें। व्यापार करें, कोई बात ऊपर-नीचे हो तो प्यार से एक-दूसरे को समझाएं। परन्तु ऐसा कोई भी कार्य न करें, जिससे आपके और अन्य व्यक्तियों के संबंधों में तनाव आए। किसी भी प्रकार की मारपीट, तनाव आदि नहीं करें। परन्तु वर्तमान समय में देखा गया है कि अनेक व्यक्ति व्यापारिक झगड़ों की वजह से आपसी कई सालों के रिश्तों को एक सेकेंड में समाप्त कर देते हैं, हल्की भाषा का प्रयोग प्रारम्भ कर देते हैं और यहाँ तक कि कॉलर पकड़ने के लिए तैयार हो जाते हैं। आप कम-से-कम ऐसा न करें, आपको अपने अहं को थोड़ा-सा कंट्रोल करना है, क्योंकि व्यापार करना है तो ठंडे दिमाग से व्यापार करना चाहिए। मेरा तो हमारे पाठकों से यही विनम्र निवेदन है कि अपने व्यापार के अन्दर व्यापारिक झगड़े को पनपने न दें। अगर उस व्यक्ति को बात समझ में नहीं आती है, तो उस व्यक्ति से व्यापार बन्द कर दें और जहाँ तक हो सके व्यापारिक झगड़ों को प्यार से ही सुलझाएं। कच्ची बात, ओछी बात या गाली-गलौज और मारपीट जैसी चीज़ों से सदैव दूर रहें, तब जाकर आपको आनन्द आएगा व्यापार करने में और तनाव आपसे कोसों दूर भाग जाएगा।

जप करें, तनाव भगाएं

जी हाँ, तनाव को भगाने के लिए कोई दवाई की पुड़िया या वैद्य जी का चूर्ण या होम्योपैथिक दवा कारगर नहीं हो सकती। तनाव के समय में तनाव रोकने का नुस्खा तो केवल जप है, जिस समय आप कठिन परिस्थिति में हों, मस्तिष्क में तनाव हो रहा है, बेचैनी हो रही हो, बैठना भी अच्छा नहीं लग रहा है, ऐसी अवस्था में आप जप का सहारा ले। अगर एकाग्रचित्त होकर केवल पाँच या दस मिनट ही आप जप कर लेंगे तो पाएंगे कि आपका तनाव छूमंतर हो गया है। कई विद्वानों ने जप की प्रक्रिया अलग-अलग समय पर अलग-अलग बतलाई है, पर आपको जप करने का जो प्रणाली या तरीका पसन्द आए, उसे ही आप करें। क्योंकि आपका लक्ष्य तो केवल तनाव को दूर भगाना है। यदि आप रोज सवेरे 10-15 मिनट का जप करने का कार्यक्रम नियमित रूप से अपनाने की सोच लें, तो मेरा ये मानना है कि पूरे दिन में आपको तनाव होगा ही नहीं। तनाव के क्षण ज़िंदगी में तो आते ही रहते हैं, परन्तु रोजाना सवेरे जप का नियमित अभ्यास करने से तनाव आप पर बिलकुल भी हावी नहीं हो पाएगा।

जप करने के लिए कोई विशेष मुद्रा में या आसन लगाकर बैठने की ज़रूरत नहीं है। उत्तम तो यही है कि सवेरे अपने कमरे में आप जप का प्रयास करें। दरवाजे-खिड़कियां खोल करके आपको शान्ति तो मिलेगी ही और अभ्यास भी सही होगा, अन्यथा जिस अवस्था में आपके पास सुविधा उपलब्ध है आप जप करने का कार्यक्रम प्रारम्भ करें, उससे आपको तनाव को भगाने में सफलता निश्चित ही मिलेगी।

जप कई प्रकार के होते हैं और सभी प्रकार के जाप का सेवन करने में लाभ एक-सा ही मिलता है। यह आप पर निर्भर है कि किस प्रकार

का जप आपको रास आ रहा है। उदाहरण के लिए, सबसे पहला जप होता है भयकारी जप, इस जप में कोई भी मंत्र, वाक्य या शब्द को आपको जोर-जोर से बोलना है। सवाल तो यहाँ पर यह भी उठता है कि किस शब्द का या किस वाक्य का या किस लाइन का या किस भगवान का? अगर समझ में नहीं आता कि किसका जप करूँ तो ओम का ही जप करिए या ओम नमः शिवाय का जप करिए या राधा-राधा, कृष्ण-कृष्ण का जप करिए या राम-राम, सीताराम का जप करिए, अर्थात जिस चीज़ में आपका मन लगे आप उन्हीं शब्दों का प्रयोग करें और एक ही शब्द को दोहराते जाएं। भयकारी जप में आप आँखें बन्द करके बैठ जाएं और आपको जिस वाक्य या जिस शब्द का जप करना है, उसको जोर-जोर से बोलते जाएं। भयकारी जप की विशेषता है कि आपको जप करने वाले वाक्य या शब्द को जोर-जोर से बोलना है, जोर-जोर से जप करने का सबसे बड़ा फायदा यह देखा गया है कि एकाग्रता ज़्यादा जल्दी आती है। जब आप 10 से 15 मिनट तक केवल ओम-ओम-ओम का ही उच्चारण करेंगे तो आपके मस्तिष्क के सभी विकार शान्त हो जाएंगे, केवल ओम रह जाएगा और इससे आपके अन्दर तनाव को सहन करने की क्षमता बढ़ेगी और तनाव आपके पास नहीं फटक पाएगा।

दूसरी प्रकार का जप है उपांशु जप, इस जप में आप जिस मंत्र या शब्द को बोल रहे हैं उसे बोलें, जरूर बोलें और मुँह से उच्चारण करते जाएं, पर यह ध्यान रखें कि उच्चारण की ध्वनि बाहर नहीं आनी चाहिए। अर्थात् आप बोल तो रहे हैं, पर आवाज़ मुंह से नहीं आ रही है। इस जप से आपके अन्दर की शक्ति और क्षमता का ह्रास कम होता है।

तीसरी प्रकार का जप है मानसिक जप, इस जप के अन्दर आपके होंठ नहीं हिलेंगे। आपके मुंह से जप करने वाले शब्द की आवाज़ बिलकुल नहीं आएगी। अतः बिना होंठों को हिलाए, बिना आवाज़ करे, मन-ही-मन, आप जप वाले बोल बोलते जाएं। इस बात का ध्यान रखें कि आपके पास जप के बोल तो हैं, परन्तु मन-ही-मन आवाज़ करके जप करने से इसका आनन्द आपको ज़्यादा मिलेगा। इस प्रकार के जप में आप जिस प्रकार के शब्द का मन में उच्चारण करके बोल रहे हैं, आप उसे लिखते भी जाते हैं।

सवाल यह उठता है कि कौन-से वाला जप ज़्यादा फायदेमंद है? शास्त्रों में लिखा हुआ है कि सभी जपों में एक-सा ही फायदा मिलता है और मुख्य फायदा तो यही है कि उससे हमारे शरीर में एकाग्रचित्तता आती है। हमारा मस्तिष्क शान्त हो जाता है और हमें तनाव से लड़ने की शक्ति मिलती है। हम छोटी-मोटी बातों पर बिना वजह ही परेशान होते हैं। जप इन सब परेशानियों से मन एवं मस्तिष्क को हटाकर सुकून देता है। यह सब लाभ है जप के।

अगर आप चाहते हैं कि ज़िंदगी में तनाव न रहे तो ऐसी अवस्था में केवल जप का सहारा लें और रोज सवेरे दिनचर्या प्रारम्भ करने से पहले समाप्त करें जप के कार्यक्रम को। आज आप अपना फोटो खींच लीजिए और एक महीने बाद रोज़ जप करने के कारण आपके चेहरे में भी बदलाव आएगा, निर्मलता मिलेगी, चेहरे की झुर्रियाँ मिट जाएगी और ये सब बातें आप स्वयं अनुभव कर सकते हैं। एक महीने बाद पुनः फोटो खींच के आप मिलान करें दोनों फोटो का। साथ ही साथ दिन में अगर आप व्यापार करते हैं, नौकरी करते हैं या अन्य कार्य करते हैं, दो-चार मिनट का समय निकालकर आँखें बन्द करके थोड़ा-सा जप कर लें। यदि गाड़ी में चल रहे हैं, ट्रैफिक जाम मिल रहा है, जिससे ट्रैफिक में आधा घंटा ज़्यादा लग गया, उससे भी तनाव कर रहे हैं। ऐसा नहीं करके, जब खाली समय में बैठे हों गाड़ी में और ड्राइवर चला रहा हो गाड़ी तो ऐसी अवस्था में जप का प्रारम्भ कर दें। आपका डिप्रेशन या तनाव, छोटी-छोटी बातों पर गुस्सा होने वाली वृत्ति, इन सब में लाभ मिलेगा जब आप जप की प्रक्रिया को अपनाएंगे।

रोज उत्सव मनाएं

आपका प्रतिदिन उत्सव कैसे हो सकता है, सोच लें आप यही बात कि अगले दिन जब सवेरे हम उठें तो उठते ही प्रभु को धन्यवाद दें कि आज नया दिवस आया है। असीम अनुकम्पा के कारण ही आज का दिन मुझे देखने को सुलभ हुआ है। प्रभु ऐसा उत्सव प्रतिदिन मेरे जीवन में आता रहे। ऐसी विचारधारा रखने पर आपको प्रतिदिन यह लगेगा कि कुछ-न-कुछ नवीनता मेरी ज़िंदगी में घट रही है और आनन्द के क्षण चाहे छोटे हो या बड़े, प्रतिदिन ज़िंदगी में खोजते जाएं। हमेशा यह सोचें कि बहुत महत्त्वपूर्ण है मेरे लिए आज का दिन। उत्सव का मतलब केवल यह नहीं होता कि आप पार्टी करें, दोस्तों को बुलाएं लज़ीज खाना खाएं। सच्चा उत्सव तो यह है कि आज का दिन प्रभु के आशीर्वाद से आपका अच्छा बीता है। आप हृष्ट-पुष्ट हैं, रोगरहित हैं, तनावरहित है, यही ज़िंदगी में आपके लिए उत्सव का पल है। हर पल उत्सव है हमारे लिए हर दिन उत्सव मनाएंगे हम, हर दिन उत्सव ही है, अगर ऐसी विचारधारा मन में रखेंगे आप, तो निश्चित रूप से प्रभु के आशीर्वाद से आपका समय अच्छा बीतेगा और आपको तनाव नहीं होगा। साथ ही यह सोच लें कि प्रतिदिन उत्सव मनाना हमारा जन्मसिद्ध अधिकार है और ये तोहफा प्रभु ने हमें दिया है, इसलिए मैं प्रतिदिन उत्सव मनाता रहूँगा और सानन्द जीवन निर्वाह करता रहूंगा।

इच्छा-मृत्यु से तनाव भगाएं

यह निर्विवाद सच है कि जब इस दुनिया में आए हैं तो वापस जाना ही पड़ेगा यहीं पर सब कुछ छोड़कर। परन्तु कई बार अनेक लोगों को केवल इस कारण तनाव हो जाता है कि हाय! मुझे प्रभु कब बुला लेंगे, जब मृत्यु होगी तब उस समय क्या मेरा स्वास्थ्य ठीक रहेगा या पीड़ा के बीच में ही मुझे प्रस्थान करना पड़ेगा। मृत्यु के समय क्या मैं घर-परिवार के लोगों से बात कर पाऊँगा, क्या मैं अपने मन के विचारों को मृत्यु के पहले घर-परिवार के लोगों को बतला पाऊँगा, जब मेरा अन्तिम समय आएगा तो कैसी होगी उस समय की अवस्था मेरी, मेरी परिवार वालों की, प्रियजनों की, मिलने वालों की।

मेरी पत्नी श्रीमती सुशीला लखोटिया ने एक दिन मुझे बतलाया कि इच्छा-मृत्यु के लिए अगर रोज नियमित रूप से हम प्रभु से प्रार्थना करें तो हमें इच्छा-मृत्यु प्राप्त हो सकती है। जब मैंने उससे पूछा कि इच्छा-मृत्यु का क्या मतलब है? क्या कहना चाहती हो तुम? क्या विचार है तुम्हारा इस बारे में? तो उसने बड़े ही सीधे अंदाज में कई उदाहरण देकर मुझे बतलाया कि प्रभु से जब हम प्रार्थना करें कि हे प्रभु! जब मेरी इच्छा हो मानव जीवन को छोड़ने की तब तुम मुझे अपने पास बुला लो, बस उसी दिन बुलाना मुझे, इससे पहले ना उसके बाद।

श्रीमती जी की इस दलील से मैं भी प्रभावित हो गया और मैंने माना कि हाँ, यह सम्भव हो सकता है कि अगर कोई व्यक्ति इच्छा-मृत्यु के लिए रोज़ प्रभु से प्रार्थना करें कि हे प्रभु! उसी दिन उठाना मुझे, जिस दिन मेरी इस दुनिया में रहने की इच्छा पूरी हो

जाए। अतः आपको यह बात समझ में आए और आप भी चाहते हैं कि हो सके तो इच्छा-मृत्यु ही हमारी हो तो ऐसी अवस्था में आप प्रार्थना करते समय प्रभु से एक मिनट यह भी याचना करें कि हे प्रभु! मेरी मृत्यु इच्छा-मृत्यु के हिसाब से हो, जब मैं चाहूं तभी आप मुझे उठाना। उसके पहले बिलकुल नहीं और उसके बाद भी बिलकुल नहीं।

मेरी सोच है कि इस प्रकार की वृत्ति रखने वाले लोगों में से ज़्यादातर लोगों को इच्छा-मृत्यु प्राप्त होने का अवसर उपलब्ध होगा। जब प्रभु हमारी छोटी-बड़ी सब बातों को सुनकर हमारे लिए ऐसी व्यवस्था रखता है, जिससे हमें जो चाहिए सच्चे दिल से, सच्चे मन से प्रभु से माँगे तो हमें जरूर मिलेगा। अतः मन में बिठा लें कि आपका तनाव आपके सम्मुख नहीं आएगा, यदि आप इच्छा-मृत्यु के सिद्धान्त में आस्था रखें।

हँसगुल्ला कार्यक्रम अपनाएं

तनाव भगाने का एक अचूक नुस्खा है कि आप प्रतिदिन कुछ समय के लिए कम-से-कम पाँच मिनट के लिए जोर से हँसने का कार्यक्रम बनाएं। अगर भागदौड़ की तनाव भरी ज़िंदगी में आपने हँसना छोड़ दिया तो यह मान लीजिए कि निश्चित रूप से आपका तनाव बढ़ेगा-ही-बढ़ेगा। अगर स्वयं के स्वास्थ्य की दृष्टि पर नज़र डालते हुए हँसने वाले कार्यक्रम का उपयोग देखें या फायदा देखें तो हम पाएंगे कि वास्तव में ढेर सारी बीमारियाँ दूर हो जाती हैं सवेरे केवल पाँच मिनट खिलखिलाकर हँसने से। एक शोध के हिसाब से जिन व्यक्तियों को हार्ट अटैक आ चुका था, उनमें से केवल आठ प्रतिशत व्यक्तियों को द्वितीय बार हार्ट अटैक एक साल में आया, क्योंकि वो रोज़ हँसगुल्ला कार्यक्रम अर्थात् हँसने के कार्यक्रम को अपनाते थे।

वहीं दूसरी तरफ 42 प्रतिशत व्यक्तियों को पुनः एक साल में हार्ट अटैक आ गया, जो रोज़ तनाव भरी ज़िंदगी जीते थे और हँसने के लिए उनके पास वक्त नहीं था। एक अमेरिकन संवाददाता ने बड़े स्पष्ट शब्दों में कहा कि हंसी सबसे महत्त्वपूर्ण दवाई है। इसी प्रकार नार्मन कजिन्स, जो एक असाध्य बीमारी से ग्रस्त हो गए थे, उनके डॉक्टर ने 1964 में उन्हें बतलाया कि अब आपके पास कुछ ही दिन जीने के लिए बचे हैं और जिस बीमारी से आप ग्रस्त हैं, उसमें 500 व्यक्ति में से बड़ी मुश्किल से एक व्यक्ति के ही बचने का चांस होता है। नार्मन कजिन्स ने सोचा कि ज़िंदगी का दौर अब समाप्त होने वाला है। बड़े-बड़े डॉक्टर्स ने बतला दिया कि समय नहीं है अब तुम्हारे पास, कुछ दिन का ही समय है। तब उन्होंने क्या किया, पता है आपको, उन्होंने अपनी बची

हुई ज़िंदगी को लगा दिया हँसी-मजाक की फिल्मों को देखने में और हँसने में। आपको जानकर आश्चर्य होगा, पर सच यह है कि नार्मन कजिन्स उसके पश्चात् 26 साल इस दुनिया में रहे और एक अति प्रभावशाली फिल्म 'एनोटॉमी ऑफ इलनैस' भी तैयार की। अगर आप कम-से-कम 10 मिनट हंसने का कार्यक्रम प्रतिदिन सुबह का बना लें तो आपको निश्चित रूप से तनावरहित, दर्दरहित अच्छी निद्रा आएगी। भारत में भी कई लाफ्टर क्लब खुले हुए हैं, उनमें से एक प्रतिष्ठित लाफ्टर क्लब बेंगलूरु में है और उनकी सम्भवत: सारे विश्व में 6 हजार शाखाएं हैं, इन क्लब के हजारों व्यक्ति रोज सवेरे 40 मिनट तक प्रतिदिन हंसते हैं। आप और हम भी अगर अपने जीवन के रोजमर्रा कार्यक्रम में केवल 10 मिनट सवेरे हँसने के कार्यक्रम को स्थान दे दें, तो निश्चित रूप से मेरा मानना है कि हमें और आपको ढेर सारी छोटी-बड़ी बीमारियों से छुटकारा मिल जाएगा। तनाव कम होगा और साथ ही हमारे चेहरे की रेखाएं झुर्रियां भी नहीं झलका पाएंगे। इसके लिए रोज सवेरे नियमित रूप से 10 मिनट जोर से हँसना है।

अगर आप अपने पाँच-दस दोस्तों के समूह के साथ मिलकर हँसें तो बेहतर होगा, परन्तु अगर आपको कोई साथी नहीं मिला और इच्छा हँसने की है, तो इसके लिए पहले अपना कमरा बन्द कर लें और टी. वी. या म्यूजिक सिस्टम को चालू कर दें, और अब आप जोर से खिलखिलाकर अकेले ही हँसने का कार्यक्रम प्रारम्भ कर दें। ऐसा करने से आपको स्वयं तीन दिन के अन्दर ही अवर्णनीय अनुभव होगा। मैं स्वयं दिल्ली में एक इन्वेस्टर क्लब चलाता हूं और इन्वेस्टर क्लब की हर मीटिंग में हम कम-से-कम तीन से पाँच मिनट तक सभी लोग साथ हँसते हैं, साथ ही हम लोग अनेक विदेश यात्रा में जाते हैं और देश में भी यात्रा करते हैं अलग-अलग स्थानों पर। हर दिन टूर के समय हमारा नियम होता है कि हम लोग कम-से-कम पाँच मिनट हँसें, तो ज़रा अपना लीजिए आप भी आज से यह नया कार्यक्रम अपनी ज़िंदगी में रोज हँसने का। इससे आप शारीरिक रूप से भी स्वस्थ रहेंगे और दिनभर तनावरहित भी रहेंगे।

दैनिक दिनचर्या आपकी हो प्राथमिकता

तनाव तो सवेरे उठने के साथ ही प्रारम्भ हो जाता है और दिनचर्या समाप्त होने तक चलते रहता है। इस तनाव को कैसे रोकें, यह समस्या सभी व्यक्तियों के सामने खड़ी हो जाती है चाहे कोई उद्योगपति हो या कर्मचारी, सेवानिवृत्त व्यक्ति हो या गृहणी, कामकाजी महिला हो अथवा स्कूल जाते बच्चे, आज के समय में तनाव सभी को रहता है, पर बहुत कम ऐसे व्यक्ति होते हैं जिन्हें तनाव होता ही नहीं या होता होगा तो वे अपनी जीवन शैली पर तनाव को हावी होने नहीं देते। ऐसे व्यक्ति आज के समय में बहुत कम मिलेंगे और उनमें से एक व्यक्ति हैं श्री रामनिवास जी लखोटिया, जो मेरे पिताजी हैं। आज भी 82 वर्ष की अवस्था में उन्हें तनिक भी तनाव नहीं होता है, उनके साथ रहते हुए हम सीखने की चेष्टा करते हैं कि हम भी इस तरह से रहें ज़िंदगी में कि तनाव न हो कभी।

सुबह उठते ही तनावग्रस्त हो जाने की स्थिति अगर आपकी है, तो कृपया एक बात का ध्यान रखें कि तनाव दैनिक दिनचर्या, शौच, स्नान से मुक्त होने के पहले न होने दें, अर्थात् दैनिक दिनचर्या से निपटने के बाद ही तनाव करने वाली बात के बारे में सोचें। ध्यान रखिए, अगर आप सवेरे उठते ही तनाव करेंगे तो आपको माइग्रेन, सिर दर्द, कब्ज जैसी समस्याओं का हमेशा सामना करना पड़ेगा। ऐसी अवस्था में बेहतर तो यही है कि आप दैनिक दिनचर्या समाप्त होने के पहले तक बाहर के किसी भी व्यक्ति से बात न करें, न फोन उठाएं और दैनिक दिनचर्या आदि से निवृत्त होने के बाद ही किसी कार्य को प्रारम्भ करें।

सास के जेवर और तनाव आपका

सास के जेवर और तनाव आपका, को सुनकर तो आप चकित हो गए होंगे। सास के जेवर से तनाव का क्या काम? परन्तु अपने जीवन के 45 वर्षों में आयकर सलाहकार के रूप में कार्य करते-करते तथा लोगों की वसीयत बनाते-बनाते इस बात से मैं पूर्ण रूप से सहमत हो गया हूँ कि सास के जेवर की वजह से तनाव प्रारम्भ हो जाता है महिलाओं में विशेष तौर से, इस तनाव को दूर करने के लिए कुछ व्यावहारिक नुस्खे दिए जा रहे हैं।

सच तो यह है कि सास अपने जेवर बहू को नहीं सौंपती है। जी हां, माने चाहे न माने, लोगों के सामने हां या ना बोलें, पर सच तो यही है कि भारत की ज़्यादातर सास अपनी बहू को अपने जेवर बुढ़ापा नजदीक आने के उपरान्त भी देने की कोई इच्छा नहीं रखती हैं। अगर उनके पति उनको कहें कि अब तो तुम 70 पार हो चुकी, 80 पार हो चुकी हो, अब तो अपने जेवर का लोभ छोड़ो और अपनी बहुओं या बेटियों को बांट दो अपने जेवरात, तो सच्चाई यह है कि आप अपनी पत्नी को बोल भी नहीं सकते और गलती से अगर बोल भी दिया तो वह आपकी बात सुनेगी ही नहीं। चलो ठीक है, सास की इच्छा है कि जेवर उनके पास ही रहें जब तक वह जिन्दा है, तो रहने दो। ज़रा इस पर भी विचार करो कि आखिर सास अपने जेवर अपने पास क्यों रखना चाहती है। उसका मुख्य कारण यह है कि सास सोचती है कि अगर बुढ़ापे में मुझे कोई समस्या आई, पैसों की कोई तकलीफ़ हुई तो मैं कम-से-कम अपने जेवरात बेचकर पैसे इकट्ठे कर सकूँगी और अपना जीवन निर्वाह कर पाऊंगी। इसलिए हमारे भारतवर्ष में सास अपने गहनों को बहुओं को, जब तक जिन्दा हैं, नहीं देंती।

बहुओं के लिए तनाव की बात यह है कि सास के पास हैं ढेर सारे जेवर, परन्तु सास इन ढेर सारे जेवरों में से बहू को दो-चार जेवर भी नहीं देती और न ही पहनने को ही देती है।

अब वो समय भी आ जाता है जो आज नहीं तो कल, कल नहीं तो परसों आपके, हमारी और हम सभी की ज़िंदगी में आने वाला है, वो समय है जब सास इस दुनिया में नहीं रहेगी, रह जाएंगी तो केवल उसकी यादें, उसके जेवरात और उसका पाई-पाई जोड़कर बनाना गया सामान। वहीं, सभ्य और शालीन संस्कार युक्त परिवारों में सास और बहू को एक-दूसरे के जेवर से न मतलब है और न नज़र है, उन्हें कोई असर नहीं पड़ेगा।

खैर, उस दुर्भाग्यपूर्ण समय का आना निश्चित है। ऐसी स्थिति जब घर में आएगी तब आप क्या खुश होंगे, दु:खी होंगे या तनाव करेंगे। मैं यह सवाल उन लोगों से पूछ रहा हूँ जिनके घर में अभी सास है और आने वाले समय में ऐसी कोई कल्पना से मेरा उत्पन्न सवाल यह है कि क्या आप दु:खी होंगे, क्या हर्ष मनाएंगे जब सास नहीं रहेगी तो उनके जेवर पर आपका अधिकार हो जाएगा। अगर 100 व्यक्तियों का एक तुलनात्मक अध्ययन किया जाए तो हम पाएंगे कि 50 प्रतिशत व्यक्तियों की इस बात में कोई रुचि नहीं है, आज सास है जिस दिन नहीं होगी फिर देखा जाएगा, आज उसकी परवाह या चिन्ता क्यों करें। वहीं 40-45 प्रतिशत व्यक्ति ऐसे हैं, जो गंभीरता से मनन कर रहे हैं, चिन्तन कर रहे हैं, मन-ही-मन सोच रहे हैं कि जब सास नहीं रहेगी तो मैं कैसे उपयोग करूँगी उन जेवरात का? यह एक अति महत्त्वपूर्ण मुद्दा है, जो हर परिवार में समय-समय पर उठ पड़ता है और मनन-चिन्तन करना पड़ता है।

अब शायद ज़्यादातर लोग अचम्भित हो जाएंगे कि सास भी नहीं है, उसके जेवर हैं, जो बहू, बेटे, बेटी को मिलने वाले हैं, तो फिर इसमें तनाव किस बात का? चूंकि मैंने इस समस्या को नजदीक से देखा है, हकीकत यह है कि ऐसी सास और बहू को, जिनके पास जेवरात की कोई कमी नहीं, फिर भी तनाव वही का वही, बल्कि दो कदम ज़्यादा तनाव हो गया ऐसे परिवारों में।

जब सास की मृत्यु हो जाती है तो बहू के पास सास की सारी सम्पत्ति जेवर आ जाती है, अब ज़रा इस बारे में हम लोग विस्तृत चर्चा कर लें। बहू के पास जब सारे जेवर आ जाते हैं तो सबसे पहले वो छँटाई करती है, टूटे-फूटे और पुराने डिजाइन के जेवरातों की, फिर ऐसे जेवरों को लेकर सुनार की दुकान पर पहुंच जाती है बेचने के लिए और जब दुकानदार से पता चलता है कि जेवर के दाम कम हैं, ठोस जेवरात नहीं हैं, मिलावट ज़्यादा है। अब सच्ची बात क्या है, यह तो न आपको और न हमको पता है, परन्तु जो बात आप दुकानदार से सुनते हैं, उसी को मन-मस्तिष्क में डाल देते हैं और आपको तनाव हो जाता है। यह तनाव उन जेवरों को बेचते समय आ गया, जिन्हें आप पहनना नहीं चाहती और ज़रा सोचें कि जो बात दुकानदार बोल रहा है, वह हकीकत है या नहीं, क्योंकि आपको तो जेवरात की शुद्धता के बारे में नहीं के बराबर पता है। क्योंकि 90 प्रतिशत महिलाओं को पता भी नहीं होता कि अमुक जेवरात को बेचने से कितने पैसे सही मूल्यांकन के अनुसार मिलना चाहिए। आप दुकानदार को आधे-चौथाई दाम में अपने जेवर बेचकर, उन पैसों से तुरन्त ही दुकानदार से अन्य जेवरात खरीद लेते हैं। उसमें आपको सुकून नज़र आता है, क्योंकि आपने ऐसा करके सासू माँ के जेवर को स्वाहा कर दिया और उसके बदले आधे-पौने-चौथाई दाम जो मिल गए उनसे नए जेवर खरीद लिए और नए जेवर पहनकर अब आप दोस्तों के घर जाएंगी, पार्टियों में जाएंगी और बड़ी शान से खुश होंगी, जब लोग बोलेंगे कि आपके पति ने दी है यह नई ज्वैलरी, कितने खूबसूरत है ये।

सास के जेवर और तनाव का एक अन्य बहुत ही महत्त्वपूर्ण पहलू है और वह पहलू यह है कि जो जेवरात सासू माँ छोड़ गई हैं, वे बड़े-बड़े जेवर हैं, महंगे जेवर हैं, काफी कीमत है उनकी, उनको आप पहनना भी चाहती हैं और समय-समय पर पहनकर शादी-विवाह, फंक्शन, पार्टी, दोस्तों के कार्यक्रमों में जाती भी हैं, लेकिन इस बात से भी बहू को तनाव होता है। पर दोस्तों! मैं अपने जीवन के अनुभव से यह बताना चाहता हूँ कि ऐसे में ही बहू को तनाव होता रहता है बहुत ज़्यादा और तनाव की बात वे अपने रिश्तेदारों, घर-परिवार के सदस्यों एवं अन्य किसी के सामने चर्चा भी नहीं कर सकती। उसका एक

उदाहरण आपके सामने प्रस्तुत कर रहा हूँ मान लीजिए कि सास के सारे जेवर बहू को मिल गए, अच्छे और महंगे जेवर हैं और बहू अलग-अलग समय पर शादी-विवाह आदि में इन्हें पहनती रहती हैं, लेकिन बहू को इस बात का तनाव रहता है कि हाय राम! अगर मेरी ननद मिल गई इस शादी में तो मेरे पहने गहने देखकर सोचेगी कि मुझे इतने गहने मिल गए अपनी सास से और मुझे एक भी नहीं मिला। इससे भाभी व ननद दोनों के मन में तनाव आ जाता है।

मैंने कई बार यह पाया है कि बहुरानी सास के जेवर जब पहनती है तो पहले यह देख लेती है कि कहाँ पर चलना है आज? विशेषतौर से ऐसे कार्यक्रमों में जाने की बात हो, जहाँ पर कोई रिश्तेदार वगैरह नहीं मिलेंगे, तब तो उन्हें कोई चिन्ता नहीं है और वहीं गलती से जिस जगह जेवरात पहनकर जाना है, वहां पर ननद आदि के मिलने का चांस है तो बहुरानी को काफी तनाव होता है, कई बार तो मैंने यहाँ तक देखा है कि महिलाएं अपने पर्स में एक हल्का-सा जेवर रख लेती है और गले में बड़ा सुन्दर, महंगा सास का दिया हुआ जेवर पहन लेती है और अगर उस पार्टी में दूर से दिख जाए ननद, तो बहुरानी बाथरूम में जाकर तुरन्त पर्स में रखा जेवर पहन लेती है और गले में पहने हुए बड़े जेवर को पर्स में रख लेती हैं। बहुरानी का उद्देश्य केवल यही है कि मेरी ननद को पता न चले कि मुझे कितनी ज्वैलरी मिली है, अन्यथा आपस में मन-मुटाव होगा, ईर्ष्या-जलन आदि की भावनाएं आएंगी। अतः सास के जेवर को लेकर तनाव की प्रक्रिया को समाप्त करने के लिए सीधा-सीधा फॉर्मूला यही है कि सबसे पहले तो आप अपनी सास के जो जेवर नहीं पहनना चाहती, उन्हें बेचकर या बदलकर अपनी पसंद के अनुरूप नए जेवर ले लें। इससे ननद को भी पता नहीं चलेगा और मन-मुटाव भी नहीं होगा और तनाव से भी दूर रहेंगे।

कल को आप भी सास बनेंगी और आपके जेवरों को लेकर भी होगी परिवार के अन्य लोगों में समस्या, ऐसे में मेरा आपसे निवेदन है कि जब आप हो जाए 60 के तो पार तो उस समय अपने जेवरातों को समेटना शुरू कर दीजिए और सबसे पहले स्वयं अपने उन जेवरों को हटा दीजिए, जिन्हें आप पहनती नहीं। ज़रा सोचिए, ऐसे जेवर जो आप स्वयं

नहीं पहनती, क्योंकि वह समयानुकूल नहीं हैं और उन्हें आप रखना चाहती हैं नई पीढ़ी को देने के लिए तो यह बिलकुल भी सही नहीं है। इसलिए अपने पुराने जेवरों को बेचकर या तुड़वाकर नई तरह के जेवरात खरीद लें या बनवा लें अथवा उन पैसों को बैंक में फिक्स्ड डिपोजिट रख लो अपने ही नाम पर, ताकि बुढ़ापे में आपको अपने जीवन निर्वाह की चिन्ता न हो। कई बार परिवार में दो-तीन बहुएं होती हैं, दो-एक ननद होती हैं और सबको बाँटना होता है जेवरात, तो ऐसी अवस्था में सास को चाहिए कि अपनी वसीयत बनाकर उसमें विस्तृत रूप से एक-एक जेवरात का वर्णन लिख दे और यह भी लिख दे कि किसको मिलेगा यह जेवरात, ऐसा लिखने से परिवार के लोगों में आपस में कटुता नहीं होगी और कोई पारिवारिक झंझट नहीं होगा।

आनन्द की लहरें तनाव भगाएं

यह बात तो निश्चित है कि जब तक हम जिन्दा हैं इस ज़िंदगी में तनाव का ताना-बाना चलता रहेगा; तनाव आएंगे, ग्रहण करो आपकी मर्जी; ना ग्रहण करो आपकी मर्जी; पर वे आएंगे जरूर आएंगे, लेकिन यह ज़रूरी नहीं है कि वे आकर आपको कष्ट ही देंगे; क्योंकि जिस परिस्थिति में तनाव हो सकता है, उस परिस्थिति में तनावग्रस्त होना या न होना हमारे ऊपर निर्भर रहता है। अतः आप अपने तनाव को भगाने के लिए ज़िंदगी में आनन्द की लहरें समेटने की चेष्टा करें, छोटी-बड़ी बातों में केवल आनन्द, शुद्ध आनन्द और प्रभु का धन्यवाद करके विचार में रखते रहें तो आपको प्रसन्नता ज़्यादा होगी। चिन्ता-फिक्र और तनाव बिलकुल भी नहीं होगा। 7 महीने पहले की बात है, एक दिन मैंने सोचा कि मेरे परिवार के सदस्य मर्सीडीज़ गाड़ी में घूमते हैं और वहीं दूसरी तरफ सड़क पर स्कूल जाते छोटे बच्चे इस गाड़ी को देखते हैं, तो उनके मन में कभी आ सकता है कि हम इस गाड़ी के अन्दर देखें या बैठें कि कैसी लगती है यह गाड़ी? ऐसा विचार करके मैं, हमारे ग्रेटर कैलाश-2 के अन्दर एक स्कूल, जहाँ पर केवल नौकर, दिहाड़ी मजदूर, प्लम्बर और इसी प्रकार के छोटे-छोटे कार्य करने वालों के बच्चों को पढ़ाया जाता है; वहाँ पर अपनी मर्सीडीज़ गाड़ी को लेकर गया और वहां पढ़ने वाले सब बच्चों को (करीबन 250 से 300 बच्चे थे) कहा कि बच्चों आओ तुम लोग एक एक करके इस गाड़ी में बैठो। मेरा ड्राइवर तुम सबको चक्कर लगवाकर आएगा। मैंने उन बच्चों से पूछा कि तुम लोगों को गाड़ी का नाम मालूम है? तो आज के समय में चाहे गरीब हो या अमीर, सभी बच्चे हैं होशियार, बोले फटाफट-'सर यह तो मर्सीडीज़ गाड़ी है।' मैंने ड्राइवर को कहा- 'तुम सब बच्चों को, एक बार में 7-8

बच्चे आते हैं, गाड़ी में बिठाओ गेट बन्द करो और उन्हें घुमा के लाओ 10 मिनट।' इस प्रकार स्कूल के सभी बच्चों को मर्सीडीज गाड़ी में घुमा दिया हमने, अब ऐसे आनन्द के क्षण कभी-कभी आपकी ज़िंदगी में आएं तो आपका तनाव भाग जाएगा। अगर कभी तनाव होता भी है, तो ऐसे बीते हुए मधुर क्षणों की याद ताजा करके आप अपने तनाव को भगा सकते हैं। आप भी कुछ इस तरह का सोचें कि आनन्द की लहर आपकी ज़िंदगी में आती जाए तो आपका तनाव भाग जाएगा।

आपको एक घटना बताता हूं, पिछले दिनों मेरे एक परिचित परिवार ने अपने दस वर्षीय बेटे के जन्मदिवस पर भजन संध्या रखी थी। बच्चे ने एक ही रट लगा रखी थी कि मेरे जन्मदिवस पर केवल पुनीत खुराना अंकल का भजन होना चाहिए। पुनीत जी बड़े ही प्रसिद्ध व मशहूर भजन गायक हैं, दिल्ली शहर के। उस बच्चे की मां ने पुनीत जी को फोन किया और बताया कि उनका बेटा मानसिक रूप से मंदबुद्धि है और वह चाहता है कि उसके जन्मदिवस पर श्री पुनीत खुराना जी ही भजन संध्या करें। उन्होंने पुनीत जी को पूछा कि आप कितने पैसे लेंगे इस कार्यक्रम को करने के लिए। पुनीत जी ने बताया कि साधारणतः मैं 50 हजार रुपये लेता हूँ और भजन संध्या का कार्यक्रम सम्पादित करता हूँ। महिला यह बात सुनकर चिंतित हो गई, क्योंकि उनके पास इतने पैसे की व्यवस्था नहीं थी। उन्होंने पुनीत जी को कहा कि आप एक बार मेरे बेटे से हैलो कर लीजिए, केवल फोन पर एक मिनट मेरे बेटे से बात कर लीजिए, वह स्पेशल चाइल्ड है और उसकी समस्या है। पुनीत जी ने बात की बेटे से फोन पर, जो एक-दूसरे को जानते भी नहीं थे। पुनीत जी ने बेटे से बात करने के पश्चात् उसकी मम्मी को कहा कि भजन संध्या का कार्यक्रम वे ही करेंगे और चार्ज लगेगा जीरो। ज़रा सोचिये, इस घटना को जब भी मैं स्मरण करता हूँ तो मेरे मन-मस्तिष्क में आनन्द की लहरें उठ जाती हैं, मन खिल जाता है और तनाव भाग जाता है।

आप भी अपनी ज़िंदगी में इस प्रकार की छोटी-बड़ी आनन्द के पलों तथा अनुभवों को इकट्ठा करके रखें ताकि समय-समय पर ऐसे आनन्द की लहरों का स्मरण करते जाएं, जिससे आपको तनाव न हो। कहने का तात्पर्य यह है कि ज़िंदगी में बीते हुए आनन्द के क्षणों को जब भी स्मरण करेंगे, आपका तनाव छूमंतर हो जाएगा। इस व्यावहारिक अनुभव को अपनी ज़िंदगी में अपनाइए और भगाइए तनाव को।

नौकरानी के काम छोड़ने का तनाव

विशेष रूप से बड़े शहरों की महिलाओं से नौकर के बारे में जब भी चर्चा कर लो तो गहरा तनाव हो जाता है। अगर आपने केवल एक लाइन में ही नौकर की बुराई कर दी तो आपकी पत्नी का मुँह फूल जाएगा, क्योंकि नौकर की बात करते ही उन्हें तनाव हो जाता है। डर लगने लग जाता है कि अगर कल सवेरे मेरी नौकरानी काम छोड़कर चली गई तो कैसे चलाऊंगी मैं घर की व्यवस्था। विशेषतौर से कामकाजी महिला को और जिनके छोटे बच्चे हैं, उन्हें तो और भी परेशानी लगती है कि यार अगर किसी कारण से नौकर चला जाए तो समस्या ही हो जाएगी और नौकरी भी छोड़नी पड़ सकती है। ऐसी स्थिति में दिल्ली के पास गुड़गांव शहर में तो नौकरों की तनख्वाह भी बहुत ज़्यादा बढ़ाई है। पिछले दिनों अखबार में आया था कि गुड़गांव में घरेलू नौकर या आया को 25,000-40,000 हजार रुपये तक मासिक तनख्वाह दी जाती है। इसमें कोई शक नहीं है कि इतनी तनख्वाह आप और हम नहीं देते हैं और न ही दे सकते हैं। ऐसी कोई स्थिति नहीं है कि आपका पुराना नौकर चला गया तो नया नौकर मिलेगा नहीं, इसलिए जो बीता नहीं उसकी चिन्ता फालतू में करना बेकार है। नौकर के तनाव को भगाने का सबसे बढ़िया नुस्खा तो यही है कि आप नौकर को प्यार से रखें, उसे इन्सान समझें, मानवता का रूप उसके सामने रखें तो आप पाएंगे कि आपका नौकर भी आपके घर का काम छोड़कर किसी अन्य जगह जाना नहीं चाहेगा। अतः भविष्य में नौकर के छोड़ने की वजह से उत्पन्न तनाव की परिकल्पना न करें।

तनाव को चुनौती

जी हाँ, तनाव को चुनौती दो, दबो मत उससे अन्यथा आपका तनाव आपके चेहरे पर एक नहीं, दो नहीं, पचासों झुर्रियाँ चिपकाकर रहेगा आपके ही पास। अतः अगर आप चाहते हैं कि मेरा तनाव न रहे, चेहरे पर झुर्रियां न आएं और मैं न सोचूँ तनाव के बारे में तो जीवन को चुनौती लेकर जीना चाहिए। तनाव जीवन का अभिन्न अंग है ऐसा विचार रखो, तनावरहित जीवन के नुस्खे किताबों में नहीं मिला करते, वे तो मिलते हैं जीवन की हकीकत को समझने पर, इसलिए सोचो कि मैं तनाव को चुनौती देता हूँ, जिससे वह मेरे ऊपर हावी कभी नहीं हो सकता। ऐसी विचारधारा रखेंगे आप ज़िंदगी में तो इससे प्रफुल्लता आएगी और आनन्द आएगा आपको ज़्यादा।

आपके जीवन के पहले और अंतिम पृष्ठ बनाकर आपके जीवन की पुस्तिका लिख दी है प्रभु ने, अब इन बीच के पन्नों को आप रंगोली से भर लो या काली पुताई से भर लो, यह तो निर्भर करता है आप पर। अतः प्रभु द्वारा दिए गए इस स्वर्णिम अद्वितीय जीवन को नष्ट मत करो तनाव के आने से और केवल यही सोचो कि हे प्रभु! कितना कुछ है आज हमारे पास, इसके लिए प्यारे प्रभु को धन्यवाद देते जाओ। साथ ही नाकामियों की तरफ से अपने दिलो-दिमाग को हटाओ और दृढ़ विश्वास रखो कि केवल प्रभु के आशीर्वाद से मैं सब समस्याओं को पार कर लूंगा। तनाव जिन चीज़ों की वजह से होता है, उन चीज़ों को अपने तनाव की स्थिति में से उठाकर फेंक दो। सबसे ज़्यादा तनाव तो इस बारे में होता है कि हम दूसरे लोगों के अनुपात में ज़्यादा खर्च नहीं कर सकते। हम, हमारे दोस्तों के अनुपात में खाने-पीने में नहीं कर सकते ज़्यादा

खर्च। तनाव भगाने का एक ही नुस्खा है कि जिस कार्य को कर रहे हो, आप उस कार्य को निश्चित होकर, खुश होकर सम्पन्न करो हमेशा। कुछ दिन पहले मैं हॉस्पिटल के वार्ड में था और मेरी कीमोथेरेपी चल रही थी। एक दिन एक नर्स मेरे इंजेक्शन लगा रही थी, काफी हँस-हँसकर बात कर रही थी। बीमार मरीज की सेवा की फिक्र थी उसको, पूजा था नाम उसका। मैंने सोचा इसको कोई तनाव नहीं होगा, तभी तो यह इतने प्यार से ध्यान रखकर बीमार मरीजों की सेवा-सुश्रुषा कर रही है। बाद में पता चला कि उसको अपने परिवार को लेकर गम्भीर चिन्ताएं हैं। मैंने उससे एक सबक सीखा कि आपकी ज़िंदगी में भी एक नहीं सैकड़ों तनाव आएंगे, पर आप कृपया उस तनाव को अपने मस्तिष्क में कोई स्थान न दें। सच तो यह है कि तनावरहित जीवन के नुस्खे वास्तविक रूप में किताबों के पन्नों में नहीं मिला करते, वे मिलते हैं जीवन की हकीकत को समझने पर। अपने जीवन को ऐसा निर्मल बनाएं कि प्रभु ने जो कामयाबियाँ अब तक आपको दी हैं उनको समय-समय पर याद करें, मनन करें और उनके लिए प्रभु को धन्यवाद दें। हमेशा याद रखें कि रावण रूपी दानव का चेहरा आपके अपने जीवन में आपके तनाव से कहीं पैदा न हो जाए, इसलिए तनाव को भगाओ आज, अभी और हमेशा के लिए।

प्रॉपर्टी के तनाव को कैसे कम करें?

आप चाहे मानें या न माने; परन्तु वर्तमान समय में हकीकत तो यही है कि जिस व्यक्ति ने किसी बिल्डर के साथ निवेश किया हो, उस व्यक्ति को आज जबरदस्त तनाव होता रहता है। इसका मुख्य कारण यह है कि वर्तमान समय में प्रॉपर्टी के दाम गिर रहे हैं, खरीद-बिक्री की गतिविधि द्रुतगति पर नहीं है और इस कारण ज़्यादातर बिल्डर अपनी दी हुई ज़ुबान से हट रहे हैं। ऐसे में निवेशक के मन में तनाव होना स्वाभाविक ही है, परन्तु ज़्यादा तनाव से परेशानी केवल आपको ही होगी। आपका शरीर दुर्बल हो जाएगा तथा आपके मस्तिष्क में अनेक प्रकार के मानसिक विकार प्रारम्भ हो सकते हैं। आपको बड़ी बीमारियाँ भी लग सकती हैं, इसलिए अगर आप भी उन निवेशकों में से एक हैं, जिन्हें खरीदी हुई प्रॉपर्टी को लेकर तनाव हो रहा है। कृपया अपने तनाव को सबसे पहले एक कागज पर लिख लें कि क्या समस्या है आपकी? क्या दर्द और भय लग रहा है आपको आपके निवेश से संबंधित? कई बार मन में विचार भी आता होगा आपके कि जो निवेश आपने प्रॉपर्टी में किया, वह सफल नहीं हो रहा है अर्थात् अपनी गति नहीं बढ़ा रहा है। सीधे-सीधे मायनों में आपके निवेश की कीमत नहीं बढ़ रही है, तो आपकी बेचैनी बढ़ जाती है। इसी प्रकार आपने चार-पाँच वर्ष पूर्व फ्लैट बुक करवाया था, लेकिन अभी तक वह फ्लैट तैयार नहीं हुआ और बिल्डर आपसे अतिरिक्त पैसे की डिमांड कर रहा है। ऐसे में भी तनाव का होना वाजिब है। प्रॉपर्टी से संबंधित गृहकर देना होता है और कई बार गृहकर कर्मचारियों की वजह से अधिक मात्रा में गृहकर लगा दिया जाता है, तो भी आप चिन्तित हो जाते हैं और तनावग्रस्त हो जाते हैं। आयकर

कानून आने से संबंधित प्रावधानों की वजह से वर्तमान समय में सर्कल रेट पर ही प्रॉपर्टी की खरीद-बिक्री करना अनिवार्य हो गया है। थोड़ी-सी गलती होने पर या बिना गलती होने पर भी ऐसा सम्भव है कि ढेर सारी राशि आपके आय में जोड़ दी जाए और उस पर आपको टैक्स देना पड़े। जी हाँ, यह सत्य है कि नए प्रावधान कुछ इसी प्रकार के हैं, जिनकी वजह से अगर सर्कल रेट से कम दर पर खरीद अथवा बिक्री कर दी जाए तो प्रॉपर्टी पर खरीदने वाले एवं बेचने वाले को सर्कल रेट के हिसाब से ही सम्पत्ति का मूल्यांकन करना पड़ेगा और अगर राशि खरीद अथवा बिक्री की राशि कम हुई तो उपरोक्त राशि पर कर देना पड़ेगा। इस प्रकार के नये-नये प्रावधान आने की वजह से तनाव हो सकता है आपको प्रॉपर्टी की खरीद, बिक्री पर। इसके अलावा आजकल स्टाम्प ड्यूटी के रेट भी बढ़ गए हैं और बहुत अधिक मात्रा में स्टाम्प ड्यूटी देने का नियम लागू हो गया है प्रायः भारत के सभी शहरों में। यह भी आपके तनाव का कारण हो सकती है। विशेषतौर से अगर आपने प्रॉपर्टी 5-6 साल पहले खरीदी है और आज उसकी रजिस्ट्री करा रहे हैं, तो वर्तमान समय में उस पर होने वाले रजिस्ट्री खर्च और स्टाम्प पेपर मूल्यों के खर्चे को देखते हुए आपको तनाव हो सकता है। प्रॉपर्टी की खरीद-बिक्री के दौरान एक बात का ध्यान रखें कि किसी भी हालत में खरीद अथवा बिक्री या निवेश से संबंधित मामलों की वजह से अपने मस्तिष्क में तनाव उत्पन्न न होने दें। अपना सर्वोत्तम प्रयत्न ज़रूर करें, जिससे आपकी प्रॉपर्टी पर आंच नहीं आए, नुकसान नहीं हो, बिल्डर परेशान न करे, परन्तु पूर्ण चेष्टा के बाद भी अगर आप सफल नहीं हों तो तनाव के रास्ते को कृपया नहीं अपनाएं, क्योंकि उससे कोई फायदा होने वाला नहीं है, बल्कि उससे सेहत ही खराब होगी, मस्तिष्क में विकार आएगा, माइग्रेन की समस्या हो जाएगी। ऐसी अवस्था में रामायण की बात याद रखें कि 'जाहि विधि राखे राम, ताहि विधि रहिए' और अपना कर्त्तव्य अपनी सम्पत्ति को बचाने में लगाते रहें, पर तनाव कदापि न करें।

प्रॉपर्टी से संबंधित तनाव को भगाने का एक और तरीका है, जब कभी प्रॉपर्टी के दस्तावेज़ लगाएं, उन दस्तावेज़ों में पूर्ण रूप से प्रत्येक

बात का खुलासा कर दें। ऐसा खुलासा स्पष्ट रूप से अगर आपके एग्रीमेंट में लिखा होगा तो आने वाले समय में समस्या नहीं होगी। साथ ही जब कभी भी भुगतान करें प्रॉपर्टी डेवलपर को, तो ध्यान रखें उस समय दस्तावेज़ पर आपका दस्तखत हो जाना चाहिए ताकि आने वाले समय में किसी प्रकार की कोई समस्या उत्पन्न नहीं हो। अगर डेवलपर को आपको जो प्रॉपर्टी देनी है, तो वह उस देने वाले समय में देरी कर सकता है। आज तो आपको इस बात का पता नहीं है और न ही डेवलपर को पता है, परन्तु अगर आने वाले समय में लम्बी अवधि की देरी हो तो संभव है कि उससे आपको पूंजीगत् लाभ का फायदा भी नहीं मिले और काफी ज़्यादा नुकसान भी हो जाए। इस समस्या के तनाव को हटाने के लिए बेहतर यही है कि एग्रीमेंट में पूर्णरूप से खुलासा लिखें, अगर देरी होगी प्रॉपर्टी में तो किस हिसाब से हर्जाना दिया जाएगा? इस बाबत स्पष्ट रूप से अगर एग्रीमेंट में सब बातें लिख दी जाएं तो किसी प्रकार का तनाव नहीं होगा। हमेशा जब कभी भी प्रॉपर्टी खरीदें तो आसपास के इलाके में उस तरह की प्रॉपर्टी के वर्तमान समय में क्या दाम हैं, उनको पता करें, तब जाकर आप प्रॉपर्टी खरीदें। ऐसा करने से आप तनावमुक्त रहेंगे। कृपया ध्यान रखें कि प्रॉपर्टी के तनाव को कम करने का रास्ता तो स्वयं आपके पास है, इसलिए उससे जुड़े हुए सभी पहलुओं पर पूर्णरूप से विवेचना करें, तब जाकर आप प्रॉपर्टी को खरीदने का मन बनाएं। ऐसा करने से तनाव नहीं होगा।

उत्साहवर्द्धक शक्ति बनाए रखें

दोस्तों! आपकी ऊर्जा, उत्साह और उमंग को एक क्षण में पूर्णतया नष्ट कर सकता है आपका अपना तनाव। अतः मानवरूपी जीवन जब हमें मिला है, तो हमें चाहिए कि हम उत्साहवर्द्धक शक्ति के सतत प्रयास में लगे रहें और इसे नष्ट न होने दें। विशेषतौर से तनाव से तो नष्ट करना बिलकुल मूर्खता की बात है। अतः आप हमेशा अपने जीवन में उत्साहवर्द्धक बने रहें और अगर तनाव आए भी तो आने दें, पर तनाव को इतना हावी न होने दें कि उससे आपकी उत्साहवर्द्धक शक्ति ही नष्ट हो जाए। बहुधा देखा गया है कि अगर आपने तनाव को पनपने की प्रक्रिया में सक्रिय योगदान दिया तो इससे आपका उत्साह और उमंग क्षीण हो जाएंगे और उसका प्रभाव आपके व्यक्तित्व पर भी पड़ेगा। यह नियम बना लें कि आपके उत्साहवर्द्धक विचारधारा को आपका तनाव लूट कर नहीं ले जा सकता है। ऐसी विचारधारा का पालन करना इतना सहज तो नहीं है, परन्तु मैं यह मानता हूं कि अगर आप सच्चे दिल से और सच्ची इच्छाशक्ति से लगे रहेंगे कि हम अपने उत्साह और उमंग को जीवित रखेंगे प्रतिदिन, प्रति पल, चाहे हमारा तनाव किसी भी कारण हो तो निश्चित रूप से तनाव होगा ही नहीं, क्योंकि मन में हमने दृढ़ प्रतिज्ञा जो कर ली है।

ज़िंदगी में सफलता की तरफ बढ़ते हुए और उत्साह के साथ अपनी दिनचर्या का पालन करते हुए हम सतत तरक्की करते जाते हैं। चाहे व्यापार हो या व्यवसाय अथवा नौकरी; हर पहलू में, जहाँ पर भी हम हैं केवल उत्साह और उमंग के बल पर ही तो तरक्की कर रहे हैं। कमाई कर रहे हैं, आनन्द बटोर रहे हैं ज़िंदगी का और ऐसे में केवल तनाव के आने से सब चीज़ों को क्यों छोड़ दें और क्यों खो दें हम? इस बात के बारे में भी सोचें और हमेशा उत्साहवर्द्धक ज़िंदगी जीने की राह पर चलने का संकल्प करते रहें। ऐसा करने से आपकी सतत तरक्की चलती जाएगी।

गालियां देकर न करें अपना तनाव कम

गाली देना बुरी बात है, यह पाठ तो जब हम छोटी क्लास में थे तभी से पढ़ाया गया था और पढ़ा भी था हमने, परन्तु आज बड़े हो जाने के बाद उस पाठ को भूल गए ढेर सारे लोग। तभी तो हमें बराबर देखने को मिलता है कि हम दुकान पर सौदा खरीद रहे हैं और लाला अपने नौकरों को डाँट रहा है, गाली दे रहा है उनको। क्या आप लाला को बतलाते हैं कि लाला तुमने भी तो चौथी क्लास में पढ़ा होगा कि गाली देना गन्दी बात है, परन्तु अफसोस कि आप और हम कोई भी लाला को अच्छी बात की शिक्षा देने को नहीं कहते हैं। हम मूक दर्शक की भांति देखते-सुनते रहते हैं कि नौकर सामान देते-देते भी गालियों को सहन करता रहता है, कुछ बोलता नहीं है। जब हमारा सामान आ जाता है तो हम घर रवाना हो जाते हैं, मगर कोशिश नहीं करते कि लाला को मना करें कि लाला गाली देने से तुम्हारा तनाव थोड़े ही कम होगा। जिस कारण तनाव हो रहा है उस बात को सोचें, आखिर पता करें कि कारण क्या है आपके तनाव पनपने का? फिर उस पर थोड़ा सा-मनन करें और तनाव को हराने की कोशिश करें। गाली-गलौज करने से या तथा नौकर-चाकर तथा कर्मचारियों को डांटने से मेरा तनाव कम हो जाएगा, ऐसी सोच पूर्णतया गलत है। कृपया ध्यान रखें कि अगर आप गालियों की बौछार कर रहे हैं अपने कर्मचारियों पर अथवा परिवार के सदस्यों पर तो, ऐसी अवस्था में भले ही वे चुप रहें, परन्तु उनके मन से निकलती बद्दुआएं आपकी तरफ आ रही हैं। अतः कभी भी ऐसा न सोचें कि गालियों की बौछार ही हमारा तरीका है तनाव को भगाने का। कोई भी सभ्य व्यक्ति कभी गाली नहीं देता है। अतः आज से ही आप यह दृढ़ प्रतिज्ञा कर लें कि मेरे व्यापार, व्यवसाय, दुकान या अन्य किसी जगह पर

भी जहाँ मैं कार्य करता हूं, अपने कर्मचारियों के साथ कभी गाली-गलौज नहीं करूँगा। कई बार यह देखा जाता है कि छोटी-छोटी गलतियाँ हमारे कर्मचारी करते रहते हैं, रोज़-रोज़ उन्हें समझाना पड़ता है, फिर भी वे अपनी गलतियों को नहीं सुधरते, ढीठ के जैसे अपनी पुरानी गलतियों को दोहराते रहते हैं। ऐसे में आप उनको ढेर सारी गालियों की बौछार कर देते हैं-बेवकूफ, उल्लू, बुद्धू, ये तो सामान्य शब्द हैं, जो आप दोहराते रहते हैं और उससे काम नहीं होता। बेहतर यह होगा कि आप अपने कर्मचारियों को बतलाएं। अतः आज ही आप दृढ़ प्रतिज्ञा कर लें कि कल से गाली देने का कोई काम नहीं और अगर गाली की आदत नहीं छूटी तो स्वयं हर गाली देने पर एक बार अपना कान मरोड़ लें, ऐसा करने से आपकी गाली देने की प्रवृत्ति समाप्त हो जाएगी। इस बात का ध्यान रखें कि केवल गाली-गलौज करने से ही तनाव के भागने की प्रक्रिया में मदद नहीं मिलती है। भले ही आपका गुस्सा निकल जाता है, लेकिन आप दोस्तों की जगह शत्रु बना लेते हैं। अतः गाली-गलौज की प्रक्रिया को समापन की तरफ ले जाने की पूर्ण चेष्टा करें, ज़िंदगी का आनन्द लें और तनाव को भगाएं।

कई बार पति-पत्नी भी आपस में गाली-गलौज करते हैं, किसी बात पर सहमति न होने पर हल्ला करते हैं, चिल्लाते हैं और तनाव करते हैं। दाम्पत्य जीवन को स्वर्णिम बनाए रखने के लिए आवश्यक है कि पति-पत्नी आपस में मेल-जोल से रहें, कोई चीज़ में विवाद आदि हो तो उसे बैठकर चर्चा करके ठीक करें। केवल गाली-गलौज करने से काम नहीं चलेगा। एक बात और, अपने दफ्तर के तनाव को दफ्तर में ही रखें और यदि घर लेकर भी आ गए तो पत्नी व परिवार के अन्य सदस्यों से बैठकर चर्चा भले ही कर लें, परन्तु उस तनाव से उत्पन्न झल्लाहट, चिड़चिड़ापन व गुस्सा परिवार के सदस्यों पर न डालें और न ही पत्नी या नौकरों पर गालियों की बौछार करें।

तनाव है, ठीक है, परन्तु इसके लिए आराम से शान्तिपूर्वक एकान्त में बैठकर, तनाव उत्पन्न होने के कारणों पर विचार करें और समस्या को सुलझाने की कोशिश करें। फिर देखिए, तनाव कैसे दूर होगा आपका। तनाव को कभी भी खुद पर हावी होने न दें, बल्कि हमेशा इसके समाधान के लिए शांतिपूर्ण तरीके से कारणों की विवेचना करें और समस्या दूर करने की कोशिश करें।

समय का एजेंडा बनाएं

तनाव के ढेर सारे कारण हैं, उसमें से एक कारण यह भी है कि आपने जैसे सोचा, वैसे ही आपका दैनिक दिनचर्या का कार्यक्रम समापन नहीं हुआ और इसी की वजह से आप हो गए तनावग्रस्त और अपने तनाव को अपनी वाणी से तनावग्रस्त कर लिया। बेहतर तो यही होगा कि आप अपना प्रतिदिन का एक एजेंडा बनाएं और एक कागज पर लिखें कि आपको आज क्या-क्या ज़रूरी कार्य करना है। आपको अपने विशिष्ट कर्मचारियों से क्या काम लेना है, क्या बाहर का काम करना है, और क्या घर-गृहस्थी का काम करना है? यदि आपका अपनी पत्नी और बच्चों के साथ बाहर जाने का कोई प्रोग्राम है तो सब चीज़ें लिख लें, एजेंडा लिखने की आदत डालने से आपके तनाव का बोझ कम हो जाएगा। अन्यथा जब हम एजेंडा नहीं लिखते हैं और सुबह होने पर दिनभर की दिनचर्या को पूछते रहते हैं, तो ऐसा करने से हमारे मस्तिष्क पर बोझ पड़ता है और शाम के समय हम पाते हैं कि जितनी चीज़ें हमने सोची थी, आज उनमें से आधे ही कार्य हमारे समाप्त हो पाए, बाकी कार्य नहीं हो पाए, इसका मुख्य कारण यह है कि आपने समय का एजेंडा नहीं बनाया। अतः अगर आप चाहते हैं कि दैनिक दिनचर्या में आपका तनाव कम रहे तो ऐसे में अपना दैनिक एजेंडा बनाने का लक्ष्य रखें। परिवार का हर सदस्य, चाहे गृहणी हो, व्यापारी हो अथवा नौकरीपेशा व्यक्ति, सभी अपना-अपना प्रतिदिन का एजेंडा अपनी-अपनी कार्यप्रणाली के तरीके के अनुसार बनाएं। सर्वोत्तम तो यही होगा कि आप डायरी के हर एक पृष्ठ में अपना अगले दिन

का एजेंडा लिख लें। अगर कोई बात आपके ध्यान में आ रही है कि 10 दिन बाद मुझे यह काम करना है, तो उस बात को भी आप 10 दिन के बाद में डायरी के पन्ने पर लिख दें ताकि भूलवश वह काम छूट न जाए।

विश्व के सभी समझदार व्यक्ति अपना प्रतिदिन का एजेंडा लिखते हैं और उसमें अपने जरूरी कार्यों को लिखते हैं तथा उसी दिन उन्हें पूरा करते हैं। परन्तु अगर एजेंडा नहीं लिखेंगे तो हम निश्चित रूप से कुछ कार्य भूल जाएंगे और शाम के वक्त पता चलेगा कि कुछ ज़रूरी बातें तो आज पूरी हुई ही नहीं और नुकसान हो गया हमारा। इसके लिए बेहतर विकल्प यही है कि आप अपने एजेंडा को रोज़ लिखें। मैंने कई लोगों को दिन में तीन बार, सुबह, दोपहर और शाम अलग- अलग एजेंडा बनाने को कहा और बाद में पाया कि 80-90 प्रतिशत व्यक्तियों ने उसी दिन अपने एजेंडा के काम समाप्त कर लिए। अतः अगर आप भी ज़िंदगी में से तनाव को भगाना चाहते हैं, अराजकता से दूर रहना चाहते हैं और सुचारु रूप से अपने कार्यों को सम्पन्न करना चाहते हैं, तो ऐसे में आप अपना दिन का एजेंडा अवश्य बनाएं, बेहतर होगा कि रात में सोने से पहले अगले दिन सवेरे का एजेंडा कागज पर लिखकर रख लें। वैज्ञानिक तरीके से यह साबित हो चुका है कि अगर एजेंडा लिख लेते हैं और उसको पढ़ना भूल भी जाएं तो अगले दिन आधी से ज़्यादा बातें हमारे मानसपटल पर खुद-ब-खुद आ जाती है, क्योंकि हमने एजेंडा को लिख लिया था। अतः आप भी अपने ज़िंदगी में कार्य संबंधी तनाव को भगाने के लिए एजेंडा लिखने की प्रक्रिया को अपनाएं।

ट्रैफिक जाम के तनाव को भगाने का अचूक नुस्खा

आपको शादी में जाना हो या किसी सांस्कृतिक कार्यक्रम में अथवा किसी मीटिंग में समय पर पहुँचना है, पर आप ट्रैफिक जाम की वजह से लेट हो जाते हैं, इससे तनाव आपके मस्तिष्क में उत्पन्न हो जाता है। अब सवाल यह है कि ट्रैफिक जाम के तनाव को भगाने का अचूक नुस्खा क्या है? सच तो यह है कि ट्रैफिक जाम से होने वाले तनाव को भगाने का नुस्खा केवल एक पंक्ति का है और वह यह है कि जब भी आपको गन्तव्य स्थान पर पहुँचना हो और आपको लगे कि वहाँ पर पहुँचने में अमूनन 30 मिनट लगते हैं, तो आप 15 मिनट अतिरिक्त लेकर ही घर से गन्तव्य स्थान के लिए प्रस्थान करें। हो सकता है ट्रैफिक जाम की वजह से आप अपने गन्तव्य स्थान पर समय से नहीं पहुँच पाएं।

अगर केवल शादी-विवाह आदि होता अथवा दफ्तर देर से पहुँचते तो ऐसी कोई विशेष बात नहीं थी, परन्तु समस्या सबसे बड़ी है कि अगर आप ट्रैफिक जाम की वजह से किसी व्यापारिक मीटिंग में देर से पहुँचते हैं और देर से पहुँचने की वजह से आपकी मीटिंग निरस्त हो जाती है अथवा उस मीटिंग में जिस व्यक्ति से आपको मिलना था, आपके समय पर नहीं पहुँचने की वजह से वे चले जाते हैं, तो आपका समय भी बर्बाद हुआ, काम भी नहीं हुआ और तनाव भी हो गया। अतः जब आपको विशेष तौर से व्यापारिक कार्य के लिए किसी मीटिंग में जाना हो या ऐसी कोई जगह, जहां आपका समय पर पहुंचना आवश्यक है, ऐसी अवस्था में 15 या 25 मिनट पहले ट्रैफिक जाम की समस्या से निपटने के लिए

जल्दी प्रस्थान करें। पाँच मिनट पहले पहुँच जाएंगे तो उसमें कोई नुकसान नहीं है, पर देर से पहुँचने पर हमारा काम बिगड़ सकता है। चाहे इंटरव्यू देने जाना हो या नौकरी का पहला दिन हो, परीक्षा देने के लिए जाना हो अथवा व्यापारिक अनुबन्ध से संबंधित व्यापार को बढ़ाने के लिए ऑर्डर लेने की बात हो, तो ऐसी अवस्था में हमें चाहिए कि हम समय पर पहुँचे ताकि सामने वाले व्यक्ति को भी लगे कि आप वास्तव में समय की कद्र करते हैं और जिस काम के लिए मिलने आए हैं उसके लिए जागरूक हो। अन्यथा जब आप लेट हो जाते हैं तो तनाव होता है और जाते ही सबसे पहले माफी मांगते हैं कि माफ कीजिएगा, ट्रैफिक जाम की वजह से मैं लेट हो गया।

ट्रैफिक तो ज़्यादा है, यह तो भली-भांति विदित है और ट्रैफिक की वजह से हम थोड़ा लेट भी हो सकते हैं, परन्तु अगर आप अपने तनाव को ट्रैफिक से होने वाली देरी से भगाना चाहते हैं, तो आगे से नियम बना लें कि समय से 15-20 मिनट पहले ही रवाना हो जाएं तो आपको किसी प्रकार की समस्या का सामना नहीं करना पड़ेगा, किसी देरी होने के लिए माफी नहीं माँगनी पड़ेगी और तनाव आपको होगा नहीं। इसलिए हमेशा समय की पाबंदी का ध्यान रखते हुए थोड़ा-सा पहले घर से निकल जाएं ताकि आपको समय पर पहुँचने में किसी प्रकार की परेशानी न हो और आपको कोई तनाव न हो।

एक-एक करके निपटाएं अपना काम

महत्त्वाकांक्षी व्यक्ति एक दिन में जितना काम हो सकता है उससे ज़्यादा कार्य को समापन करने की इच्छा रखते हैं, परन्तु जब दिन की समाप्ति पर जब वे पाते हैं कि अपनी इच्छा के अनुरूप दिनभर के काम नहीं निपटा पाएं तो थोडा निराश और तनावग्रस्त हो जाते हैं कि जिस कार्य को सोचा था हो जाएगा, आज वह पूरा नहीं हुआ, करें तो क्या करें। अगर आप भी ऐसे व्यक्तियों में शामिल हैं; जो एक से अधिक कार्य करना चाहते हैं, तो ध्यान रखें कि एक समय में एक से ज़्यादा कार्यों को हाथ में न लें। ज्यादा-से-ज्यादा पांच कामों को एक कागज में लिख लें। फिर एक कार्य को निपटाने की कोशिश करें, जब वह काम निपट जाए तो कागज पर लिखे कार्यों की क्रमसूची में उस कार्य पर सही का निशान लगा दें कि वह काम निपट गया, तत्पश्चात् दूसरे कार्य को क्रियान्वित करने में अग्रसर हो जाएं, ऐसा करने से आप पाएंगे कि आपको किसी भी प्रकार का तनाव नहीं होगा। मैंने देखा है कई व्यवसायी-व्यापारियों को, कि वे एक ही दिन में पाँच दिन के कार्य को समापन करने की सोचते हैं और जब रात में दिनभर के कार्यों की विवेचना करते हैं, तो पाते हैं कि जितना काम उन्होंने दिनभर में सोचा, उसका 20 प्रतिशत भी नहीं हुआ, ऐसे में उन्हें तनाव हो जाता है। मैं ऐसे सभी व्यक्तियों को बतलाना चाहूँगा कि आप एक-एक करके अपने कार्य निष्पादित करते जाएं, तब आपको किसी प्रकार की समस्या नहीं होगी। आखिर एक समय में जितना काम हो सकता है व्यावहारिक दृष्टि से, उतना तो हो ही सकता है। आप सोचें कि मैं एक घंटे में 4 घंटे जितना काम कर लूँ, चार काम एक साथ कर डालूँ और टेबल पर चारों कामों को लेकर बैठ जाऊँ। अगर मैं एक घंटे बाद देखूँ कि एक काम ही अभी तक पूरा नहीं हुआ तो बाकी चार काम कैसे पूरे होंगे। परन्तु अगर आप इतना सोच लें कि एक समय में एक काम करना है। यह तनाव भगाने का यह अचूक नुस्खा है।

लाख छिपाओ छिप न सकेगा

आप पार्टी में जाते हो, दोस्तों से मिलते हो; व्यापारिक कार्यों के लिए बाहर जाते हो, व्यापारिक बन्धुओं से मिलते हो; मुस्कान प्लास्टिक वाली देते हो उनके सामने, परन्तु अगर मन में तनाव है आपके तो छिप न सकेगा आपका तनाव। आप लाख कोशिश करते रहें तनाव को भगाने के लिए, पर आपका तनाव भाग नहीं पाएगा। क्योंकि आपके चेहरे पर उस तनाव की रेखाएं अंकित हो जाएंगी, इसे आप छिपा नहीं सकते हैं। अतः अपनी दैनिक दिनचर्या में आप चाहते हैं कि चेहरे पर रौब रहे, चेहरा हँसमुख रहे तो इसके लिए ज़रूरी है कि आप तनावरहित रहें। काम नहीं हुआ तो कोई बात नहीं, कल कर लेंगे, पर तनावग्रस्त रहने से हमारी ऊर्जा शक्ति क्षीण होती है, इस बात का हमेशा ध्यान रखें। अतः अगर ऊर्जा शक्ति बढ़ानी है तो जिस व्यक्ति से मिलने के लिए जाना है, उस व्यक्ति पर हमारे व्यक्तित्व का प्रभाव अच्छा हो, इसके लिए जरूरी है कि आप उससे तनावरहित होकर हंसते-मुस्कराते हुए मिलें।

तनावग्रस्त व्यक्ति जब किसी से मिलते हैं तो चेष्टा करते हैं हँसने की, पर उन्मुक्त भाव से मुस्करा नहीं पाते, क्योंकि जब हमारे मन में तनाव रहेगा तो उस समय हमारे शरीर की नाड़ियां तनाव को रेखांकित कर देंगी हमारे चेहरे पर। इसलिए अगर हम तनावग्रस्त हैं और लोगों से मिलने पर मुस्कराने की झूठी चेष्टा करते हैं, तो हम अपने प्रयास में सफल नहीं हो पाते। फलस्वरूप आपसे मिलने वाले लोगों को आपके लाख छिपाने पर भी आपका तनावग्रस्त चेहरा नज़र आ ही जाएगा और आपके व्यक्तित्व पर इसका सीधा-सीधा असर पड़ेगा। अतः आप अगर चाहते हैं कि हमारे मिलने वालों के बीच में हम तनावग्रस्त नहीं रहें तो ऐसी अवस्था में मस्त रहो, चुस्त रहो।

जीवन का आखिरी लक्ष्य

अगर शान्ति से मनन करेंगे एकाग्रचित्त होकर तो मुझे लगता है कि तनाव कम हो जाएगा आपका, दैनिक दिनचर्या में। ज़रा इस विषय पर भी मनन करें कि प्रभु ने हमें जो यह जिंदगी दी है, हमें जो यह मानव जीवन मिला है वह कैसे अच्छा बीतें और ज़िंदगी के अन्तिम पड़ाव पर हमारा आखिरी लक्ष्य क्या है, इस विषय पर चिन्ता और मनन करने से आपको तनाव नहीं होगा। जीवन में परेशानियाँ तो आएंगी ही, तनाव भी उत्पन्न होगा, चाहे दूसरे व्यक्तियों की वजह से तनाव हो या अपनी ही सोच की वजह से हो, परन्तु अपने प्रतिकूल अवस्था में रहने की वजह से केवल नुकसान ही होता है। अतः तनाव भगाने के लिए छोटे-मोटे जितनी भी आपकी परेशानियाँ हैं, उनको एक कागज पर लिख लें और फिर एक-एक का उत्तर भी स्वयं सोचकर लिखें। जब इस प्रकार का एजेंडा आप बनाएंगे तो इस बात का ध्यान रखें कि आपकी ज़िंदगी का आखिरी लक्ष्य क्या है? और उस लक्ष्य में क्या इस तनाव की कोई भूमिका है।

कई बार अपने रुपये-पैसे, ज़मीन-जायदाद आदि पर पैनी नज़र नहीं रखने की वजह से भी तनाव हो जाता है। सम्पत्ति चाहे चल हो या अचल, हमेशा उसे बटोरकर संभालकर रखें, बर्बाद न होने दें। लाखों-करोड़ों लोगों के तनाव का कारण अपने ही पैसे पर पैनी नज़र नहीं रखने की वजह से है। अतः आप अपने पैसे को संभालकर उस पर पैनी नज़र रखें, फालतू में पैसे बर्बाद न करें और पैसे का अच्छा निवेश एवं सदुपयोग के बारे में सतत सोचते जाएं और समय-समय पर क्रियान्वित करते जाएं उस प्रक्रिया को, जो आपके पैसे को बढ़ाने के लक्ष्य की तरफ अग्रसर

हो रही है। कई बार ऐसा भी होता है कि घर में पैसे की थोड़ी कमी हो जाए तो आपकी पत्नी और बच्चे आपको कुछ कड़वे वचन बोल देंगे, ऐसी अवस्था में भी तनाव होना वाज़िब है। हम कई बार देखते हैं कि कुछ बुजुर्ग व्यक्ति, जो अब सक्षम नहीं हैं पैसे कमाने के लिए, उनके बच्चे उन्हें कुछ तीखी बातें बोल देते हैं- 'पिताजी! तुमने किया क्या है, हमारे लिए तो अच्छा घर भी नहीं बनाया आपने, व्यापार के लिए आपने पैसे भी इकट्ठे नहीं किए तो आखिर किया क्या आपने?' इस प्रकार के कड़वे वचनों से तो निश्चित रूप से तनाव हो जाता है, तो ऐसे में आप सोचें कि जो प्रभु की इच्छा है, मैं जो अपनी तरफ से कर सकता था, वह मैंने किया अपने परिवार के लिए, परन्तु अगर मेरा परिवार मानता है कि मैंने कुछ नहीं किया तो ठीक है, मगर ऐसी अवस्था में मैं तनाव तो कम-से-कम नहीं करूँगा। स्वास्थ्य से संबंधित परेशानी झेलनी पड़ेगी अलग, पैसे खर्च होंगे अलग और बेचैनी अलग रहेगी। अतः मेरी तो सलाह यही है कि कभी भी तनाव को अपने शरीर के ऊपर हावी न होने दें। तनाव उत्पन्न होता है, उस समस्याओं के समाधान के बारे में सोचें। कई बार यह तनाव हो जाता है कि व्यापार के नए आयाम के अनुसार, क्या पता हमारी अगले साल कमाई हो या न हो? और ऐसे में पूर्ण रूप से प्रभु के प्रति समर्पित होकर और विश्वास रखकर स्वयं पर जो घटा नहीं है, उसकी चिन्ता न करें तो आप पाएंगे आपका तनाव अचानक गायब हो जाएगा। हमेशा रामायण की बात याद रखें कि **'जाहि विधि राखे राम, ताहि विधि रहिये।'**

जब तनाव की बात होती है तो एक बात अवश्य ध्यान रखें कि अन्य किसी भी व्यक्ति के द्वारा आपको मन, वचन से तनाव पहुँचाने की चेष्टा जारी है, तो भी आप अपनी खीझावट उन पर न डालें। अगर आप खीझेंगे करेंगे तो नुकसान केवल आपका ही होगा। अतः खीझावट को दूर रखें, पास न फटकने दें और केवल मस्त होकर अपनी ज़िंदगी को जिएं। अपने लक्ष्य का ध्यान रखें कि सुख से जीवन बीते और मानव जीवन हमें जब अन्त समय पर ले जाए तब हम आनन्द से रहें। आनन्द की प्राप्ति के लिए आपके लिए ज़रूरी है कि आप तनाव वाली बातों का डटकर मुकाबला करें, डरें नहीं।

भूतकाल से तौबा

आप और हम भूतकाल की याद तो ताजा रखते हैं और वही एक कारण भी है जो हमारे तनाव को भगाता है। अतः भूतकाल की गतिविधियों पर से नज़र हटाओ और वर्तमान समय में रहो, यही नुस्खा है आपके तनाव को भगाने का। अतः पुरानी बातें दोस्तों की, रिश्तेदारों की, पति-पत्नी के बीच में हुए तकरार की या बच्चों के साथ हुई चर्चा जिनसे आपको तनाव हुआ; जिससे आपको प्रति क्षण परेशानी हुई, जिससे आपका मन विचलित हुआ; कुछ वर्षों पहले उन बातों को आज याद करके पुनः आप तनाव रूपी दानव के नज़दीक पहुँच जाएंगे। अतः सर्वोत्तम तो यही होगा कि आप भूतकाल में जो बातें बीत गई और जिन बातों की वजह से आपके जीवन में तनाव आया, उन बातों को वापस मस्तिष्क में न दौड़ाएं। ऐसा करने से कम-से-कम वर्तमान में तो आपको आनन्द आएगा और पुरानी बीती हुई बातों को, जिनका आज कोई असर नही हैं; जिनको आज सुधारा नहीं जा सकता, जिनका आज कोई मतलब नहीं; उन सब बातों से विचलित न होकर अपने वर्तमान को भरपूर जिएं। अगर आप अपने जीवन से हमेशा के लिए तनाव को भगाना चाहते हों तो भूतकाल की बातों को भी कभी न सोचो और बीती हुई स्मृतियों को ताजा न होने दे। अगर सोचना ही है तो अच्छी बातें सोचें। बिताए हुए अच्छे क्षण को याद करें, फिर आप देखोगे कि वर्तमान ज़िंदगी में आप आनन्द का अनुभव कर रहे हैं और ले रहे हैं प्रभु के प्रसाद से जीवन का पूर्ण रसत्व।

हो सकता है कि आपके भूतकाल में ऐसे अनेक तनाव हुए, जो पार तो आपने कर लिए प्रभु की कृपा से, पर आज भी उनकी याद ताजा है। ऐसा दोस्त जिसने आपको कभी धोखा दिया हो वह अगर सामने दिख जाए तो

आपको तनाव हो जाएगा, उससे बात करने की भी इच्छा नहीं होगी, उसकी तरफ झाँकने की भी इच्छा नहीं होगी और उससे बिना कुछ बोले भी आपका तनाव बढ़ जाएगा। अगर आप भूतकाल की स्मृतियों को अपने नज़दीक न भटकने देंगे, तभी जाकर आपको इस पल में आनन्द आएगा और तनाव भाग जाएगा। इसी प्रकार हो सकता है कि कुछ वर्ष पूर्व पत्नी ने आपको कोई कड़वी बात कह दी और वह आपको चुभ गई, आपको दु:ख हुआ, पीड़ा हुई और तनाव हुआ, जबकि वर्षों पूर्व या महीनों पूर्व हुई उस एक बात को लेकर आप आज भी चिन्तन करेंगे, सोचेंगे तो यह अच्छी बात नहीं है। इसलिए हमेशा अच्छी स्मृतियों को याद रखें और उनकी याद में आज भी प्रसन्न हों, परन्तु पुरानी ऐसी घटनाएं जिन्होंने हमारे जीवन में सिर्फ तनाव पैदा किया और कुछ नहीं, उन सब बातों को बिलकुल भूल जाएं, तब जाकर आप उठा पाएंगे ज़िंदगी का असली लुत्फ़ अर्थात् तनावरहित जीवन।

व्यापार आदि में भी कई बार ऐसा हो जाता है कि किसी के साथ व्यापार किया या उनको सामान बेचा या किसी से सामान खरीदा और व्यापारिक गतिविधियों के दौरान हमारा संबंध बिगड़ गया उस व्यक्ति से, हो सकता है उसके विचारों की वजह से अथवा उनके द्वारा की गई गतिविधियों की वजह से काफी नुकसान भी हुआ, पर हो गई यह बात काफ़ी पुरानी। मगर यदि आज भी वह व्यक्ति आपके सामने आ जाए तो आपको वही पुरानी बातें याद आ जाएंगी और आपका हृदय वज्रपात की बातें उगलनी शुरू कर देगा। कई बार ऐसा भी होता है कि इनसे आपका ब्लड प्रेशर बढ़ जाता है और आप बीमार हो जाते हैं। इसलिए हमेशा एक ही बात का ध्यान रखो कि भूतकाल की बातें तनाव ही पैदा करेंगी आपकी ज़िंदगी में, अत: केवल वर्तमान समय में तरक्की करना, आनन्द लेना और बची हुई ज़िंदगी को प्रभु को समर्पित करने की चेष्टा करना। मुझे याद आ रही है एक सच्ची घटना, जापान में रहने वाली एक 99 वर्ष की औरत की इच्छा हुई है कि वह तैराकी की प्रतियोगिता में भाग ले और इनाम जीतकर आए। ज़रा सोचिए, इस प्रकार की परिकल्पना वह 99 वर्ष की महिला कर रही है जापान में, तो यह वास्तविकता प्रेरणा की बात है। उन्हें तनाव होगा ही नहीं, उनका लक्ष्य केवल यह सोचते रहना है कि मैं 99 वर्ष की उम्र में भी तैराकी की प्रतियोगिता में भाग लूँ और जीतूँ इनाम।

संग्रह से करो कंजूसी और दूर भगाओ तनाव

तनाव का एक कारण संग्रह करने की प्रवृत्ति भी है। घर में जगह कम है और संग्रह करने की प्रवृत्ति के कारण नए-नए सामान खरीदकर लाते जाएं हम बाजार से और घर में रखने की जगह नहीं है, तो इसलिए भी तनाव होता है कि हमारे पास बड़ा घर नहीं है, कहाँ रखें इस सामान को? तो ऐसी अवस्था में आपके तनाव को भगाने का केवल एक ही तरीका है कि संग्रह की प्रवृत्ति से तनिक दूर रहो। अतः अपना तनाव कम करने के लिए आप एक नियम बना लीजिए कि हम संग्रह की प्रवृत्ति से थोड़ा-सा दूर रहकर चलेंगे और हर दो-तीन महीने में अपने अपने घर में रखें सामानों की जाँच करेंगे, अगर अनुपयोगी सामान है तो रखने से क्या फायदा। वास्तु की दृष्टि से भी अगर हम कोई टूटा-फूटा, बेकार सामान घर में रखते हैं, तो उससे नुकसान ही होता है हमारा। अतः हर तीन महीने में एक रविवार को आप अपने घर की सफाई करें और जो काम नहीं आने वाली वस्तु है, उसका निस्तारण करें। ऐसा करने से घर में जगह भी ज़्यादा हो जाएगी, फालतू कचरा भी हट जाएगा, जिससे गन्दगी भी कम होगी और आपका तनाव भी। साथ ही नई वस्तु खरीदने का मन हो तो जगह बन जाने पर हम उसे आसानी से खरीदकर भी ला सकते हैं।

दफ्तर में भी इस नुस्खे को अपना लेना चाहिए अर्थात् दफ्तर में आपके पास डायरियाँ आ गई नए वर्ष की, फाइल या फोल्डर आ गया, कोई छोटा-मोटा गिफ्ट आ गया, ढेर सारे कागज लिखकर रख लिए

आपने अपने दराज में, उन कागजों में से हो सकता है कि आधे से ज़्यादा कागज पिछले 6 महीने से काम नहीं आए और आएंगे भी नहीं; ऐसे में आपका तनाव बढ़ेगा, क्योंकि आपके पास एक तो जगह सीमित मात्रा में है, ऐसी स्थिति में आप अपने दफ्तर में भी इस प्रणाली को अपना लें कि मैं संग्रह करने की प्रवृत्ति को छोड़ दूँगा और जो सामान कागज आदि मेरे कार्यालय में हैं उस समय-समय पर नज़र डालता जाऊँगा और काम का नहीं हो तो फेंकता जाऊँगा। कई लोगों के कम्प्यूटर थोड़े से पुराने हो गए, नए कम्प्यूटर घर ले आए; फिर भी रखे हुए हैं दोनों कम्प्यूटर को; एक काम ही नहीं आता कभी भी; तब यही बेहतर होगा कि पुराने कम्प्यूटर को आप बेच दें या किसी गरीब विद्यार्थी को दान में दे दें। सीधा-सीधा कहने का मतलब है कि संग्रह की वजह से तनाव होना निश्चित है। अतः बेमतलब के सामान की संग्रह की प्रवृत्ति को हटाने की चेष्टा हमको करनी चाहिए।

तनाव लेकर भाग गया बेटा

जब आपके बच्चे बड़े हो जाएं तो आप उन्हें व्यापार एवं व्यवसाय की ज़िम्मेदारी देना शुरू करें, उनको पूर्ण रूप से काम करने की आजादी दें। हो सकता है ऐसे में कभी-कभी थोड़ा नुकसान भी हो जाएगा, लेकिन उसकी चिन्ता न करें। बच्चे काम नहीं करेंगे तो सीखेंगे क्या? इस बात को तनिक सोचें। पर आपका सबसे बड़ा फायदा यही है कि अगर आप बच्चों को ज़िम्मेदारी देना शुरू करेंगे तो बच्चे आपके व्यापार एवं व्यवसाय को संभालना शुरू कर देंगे तो ऐसे में आपका तनाव तो भाग गया ना। अतः अपने बच्चों पर ज़िम्मेदारी दें और विश्वास करें कि बच्चे ठीक करेंगे काम और अपना दायित्व केवल उन्हें समझाने में या मार्गदर्शन करने में ही लगाएं। मैंने देखा है कई माता-पिता अपने व्यवसाय पर बुढ़ापे तक भी पैनी नज़र रखते हैं और जब बारी आती है बच्चों की जिम्मेदारी संभालने की, तो वे सोचते हैं कि हमारे बच्चे अभी इतने लायक नहीं है कि कारोबार संभाल सकेंगे, तो कैसे दे दूँ उनको व्यवसाय की ज़िम्मेदारी? आपकी ऐसी सोच गलत है। आज के युग में बच्चे, आप और हमसे ज़्यादा होशियार हो गए हैं। नई-नई आधुनिक तकनीकों की वजह से व्यापार एवं व्यवसाय चलाने में सक्षम हैं। अब अगर ज़रूरत है तो इस बात की है कि हम अपने बच्चों को ज़िम्मेदारी दें, उन्हें समझें और उन्हें स्वतंत्र रूप से कार्य करने के लिए प्रोत्साहित करें। ऐसा करने से व्यापारिक दिनचर्या में जो तनाव के क्षण आते हैं, वे आपके पास न आकर आपके बच्चे के पास ही आएंगे तो आप तनाव को भूल जाएंगे, बच्चों को

आपके नेतृत्व में दिशा मिलेगी कारोबार को बढ़ाने की और अच्छी तरह चलाने की। अतः अपने कार्य का थोड़ा भार बच्चों पर भी डालना शुरू कर दें, उन्हें ज़िम्मेदारी दें और साथ ही उन्हें अधिकार भी दें कि वे व्यापार एवं व्यवसाय को अपने हिसाब से चला सकें। जहाँ पर उनको कठिनाई आए, वहाँ पर आप अपने पुराने अनुभव का उपयोग करके उनकी मदद करें।

केवल व्यापार एवं व्यवसाय में ही तनाव भगाने के लिए बच्चों को कार्यभार देने से पूर्णरूप से तनाव नहीं भागेगा, आप ज़िंदगी में अन्य पलों की तरफ भी नज़र डालें। मान लीजिए कि आप किसी बीमारी से ग्रस्त हैं, तो ऐसी अवस्था में भी आप बच्चों को ज़िम्मेदारी दे दें कि मेरे बच्चे जो तुमको ठीक लगे वही डॉक्टरी इलाज करवाओ मेरा, ऐसी सोच से आपका तनाव भाग जाएगा दो मिनट में। मेरे एक मित्र की तबीयत अचानक काफी खराब हो गई, उन्होंने अपने बेटे को कहा कि बेटा जो तुम ठीक समझो वो करो, और मेरे दोस्त ने बीमारी से संबंधित गहन अध्ययन नहीं किया। जब पूर्ण ज़िम्मेदारी बेटे को दे दी तो बेटे ने अलग-अलग डॉक्टरों से सलाह की, बड़े-बड़े डॉक्टरों को रिपोर्ट दिखलाई। विदेश से भी डॉक्टरों की सलाह मांगी गई। मेरे मित्र कहते हैं, 'मेरा तनाव लेकर भाग गया मेरा बेटा।' उन्हें अपनी बीमारी की तनिक भी चिन्ता, फिक्र नहीं है, क्या खाना, क्या पीना, क्या घूमना, क्या दवाई लेना, क्या इलाज का ध्यान रखना, ये सब उनका बेटा ही कर रहा है। इसलिए उन्हें किसी भी प्रकार का तनाव नहीं हुआ। ऐसा ही कुछ मेरे घर में भी हो रहा है। पिछले 10 महीनों से मैं कैंसरग्रस्त हूं और आज कौन-सी दवाई लेनी है, कौन-से डॉक्टर को दिखाना है, कीमोथैरेपी कितने दिनों में करनी है? क्या अन्य कोई इलाज साथ में करना है या कोई अन्य आयुर्वेदिक दवाई खानी है या कब रक्त-जांच कराना है, कब पैरा स्कैन कराना है; मेरा बेटा सत्यप्रिय संभाल रहा है। तो मैं भी कहता हूँ कि मेरे तनाव को लेकर भाग गया मेरा बेटा सत्यप्रिय। आप अपने जीवन में काफी सजग रहे हैं, उत्साहवर्द्धक रहे हैं, अपने आपको होशियार और चतुर मानते रहे होंगे, परन्तु

अगर अपने तनाव को भगाना हो तो आप अपने बेटे को, बेटी को, पत्नी को या अन्य रिश्तेदारों को, अपने दैनिक दिनचर्या के कार्यों से जहाँ पर विशेष रूप से तनाव होता रहता है, को समझाने की चेष्टा करें। इस बात का ध्यान रखें कि आखिरकार अपनों को ही तो काम संभालना पड़ेगा व्यापार-व्यवसाय और इसी प्रकार बीमारी में भी बच्चों को देंगे जिम्मेदारी आप तो, आपको पता भी नहीं चलेगा कि क्या है बीमारी आपकी और क्या चल रही है दवाई और क्या चल रहा है उसका खर्चा। बच्चे संभाल रहे हैं सब कुछ। ऐसा करने से तनाव आपका लुप्त हो जाएगा।

शिकवे और शिकायत से तौबा

मैंने एक जगह पढ़ा था कि जो व्यक्ति दिलों में शिकवे और जुबान पर शिकायतें कम रखते हैं, वे लोग हर रिश्ता निभाने का दम रखते हैं। आप इन दो पंक्तियों को अपने जीवन में उतार लें तो आप पाएंगे कि आपका तनाव लुप्त हो गया है। क्योंकि पुराने शिकवे अगर हम मन में और शिकायत को जबान पर नहीं रखें तो हमें तनाव होगा ही नहीं। अतः चेष्टा करें कि अगर विगत में किसी के साथ आपकी कोई रंजिश हुई है, तो उसको अपने दिल में या जुबान पर न आने दें। कड़वी वाणी का प्रयोग किसी ने आपके लिए किया हो तो उसे भूल जाएं और कोशिश करें कि आप अपनी कड़वी वाणी का प्रयोग किसी दूसरे व्यक्ति के लिए नहीं करेंगे। हमें अपने सभी रिश्ते, जो हमारी ज़िंदगी में बन गए हैं उनको प्रेमपूर्वक निभाना है और सफल व्यक्ति वही है जो अपने रिश्तों को अच्छी प्रकार निभाता है। हम अपनी इच्छा से किसी के साथ रिश्ता बना नहीं सकते हैं, यह प्रभु ने हमारे जीवन में डाला कि किसके साथ हमारा क्या रिश्ता होगा? अब प्रभु ने हमारा रिश्ता जिस दूसरे व्यक्ति के साथ जोड़ा है, वह व्यक्ति अच्छा हो या नहीं हो, हम उस रिश्ते को अपनी तरफ से अच्छी तरह से निभाने का प्रयत्न करते जाएं। ऐसा करने से हमारे मन को शान्ति मिलेगी और हमें तनाव नहीं होगा। ऐसी सोच मानव जीवन के लिए अच्छी है। कई बार तनाव इसलिए भी हो जाता है कि आप सोचते हैं कि यह बुरा हुआ तो मेरे साथ क्यों हुआ? आखिर मैंने क्या ऐसा खराब किया कि मेरे साथ ही बुरा होना था। इस प्रकार की बातों में आप ज़्यादा दिमाग न लगाएं। क्योंकि इस बारे में विचार करने से आप अपने आपको हताश महसूस करते हैं, खुद को थका हुआ

महसूस करते हैं। अतः इस प्रकार की बातों को तनिक भी तवज्जो न दें और हमेशा अच्छी बातें सोचें, तनाव की तरफ अग्रसर बिलकुल न हों। एक बात का ध्यान रखें कि यह जो कुछ मेरे साथ हो रहा है यह मेरा प्रारब्ध है, इस पर मुझे चलना ही पड़ेगा। अतः मैं चाहूँगा कि आप ज़िंदगी की हकीकत को समझो और तनाव भगाने की प्रक्रिया में संलग्न हो जाओ। आए हैं तो जाना पड़ेगा ही और गीतासार में लिखा हुआ है कि जो कल किसी दूसरे का था आज तुम्हारा है और आने वाला कल और किसी अन्य व्यक्ति का होगा। इस बात को चरितार्थ करने के लिए अपने जीवन में छोटे-मोटे तनाव को आने मत दो। क्योंकि अगर आपका मन विचलित हो जाएगा तो वह आपको तनाव की स्थिति में भेज देगा। हमेशा अपने जीवन को खूबसूरत तरीके से जीने के बारे में सोचें और इसके लिए सबसे पहले तनाव से छुटकारा पाना है। अतः ज़िंदगी का लक्ष्य यह रख लो कि मुझे तो आनन्द लेना है, मेरे आँसू कोई पोंछे या ना पोंछे, मैं तो लोगों के आँसू पोंछता ही चलूँगा। खुद भी हँसता रहूँगा और दूसरों को भी हँसाते रहूँगा, ऐसी विचारधारा रखेंगे आप, तो तनाव को आपके ऊपर हावी होने का मौका ही नहीं मिलेगा। ध्यान रखें कि दुनिया में बेहतरीन रिश्ता वही है जहाँ एक हल्की-सी मुस्कान और छोटी सी क्षमा-याचना से ज़िंदगी फिर दोबारा पहले जैसी हो जाती है। आप भी इस बात को अपनाने की पूर्ण चेष्टा करें। आइए, तनाव भगाएं और करें आनन्दमय जीवन की प्राप्ति।